道路接入管理理论与方法

陆 键 马永锋 蒋愚明 陈圣迪 著

科学出版社
北 京

内 容 简 介

本书全面阐述道路接入管理方面的理论和技术。对国内外近年来有关道路接入管理方面的研究成果进行系统地梳理与分析,并以作者课题组历年所取得的研究成果为基础,吸收国内外的最新研究成果,全面系统地总结道路接入管理技术。主要包括道路接入管理发展历史、道路功能及接入分类、土地开发与道路接入、道路接入间距、道路接入设计、弱势群体安全保护设施、立交区域接入管理和道路接入管理实施等内容。

本书可供交通运输领域特别是交通安全领域广大科研工作者、管理人员和工程技术人员参考,也可作为高等院校交通工程、道路工程和交通运输专业本科高年级学生及研究生的参考书。

图书在版编目(CIP)数据

道路接入管理理论与方法/陆键等著.—北京:科学出版社,2018.1
ISBN 978-7-03-052117-0

Ⅰ.①道… Ⅱ.①陆… Ⅲ.①道路—管理—研究 Ⅳ.①U92

中国版本图书馆CIP数据核字(2017)第000750号

责任编辑:周 炜 / 责任校对:桂伟利
责任印制:张 伟 / 封面设计:陈 静

科学出版社 出版
北京东黄城根北街16号
邮政编码:100717
http://www.sciencep.com

北京厚诚则铭印刷科技有限公司 印刷
科学出版社发行 各地新华书店经销

*

2018年1月第 一 版 开本:720×1000 1/16
2019年1月第二次印刷 印张:9 1/4
字数:186 000
定价:80.00元
(如有印装质量问题,我社负责调换)

前　言

随着我国社会经济的快速发展,我国道路交通运输业和道路交通基础设施的建设取得突破性进展,通车里程逐年增加,道路网络日趋完善,四通八达的现代化交通系统已基本形成。随着道路建设的发展,便捷的交通提高了道路周边地区土地的可达性,土地可达性的提高推升了土地的价值,并刺激沿线房地产、工商业的快速发展。在缺乏有效的规划和监管之下,这种发展会使道路的交通需求迅速增长,导致道路的服务水平降低,出现交通拥挤现象。近年来的实践表明,道路沿线土地利用的增强和社会经济的发展与道路交通系统之间经常会出现尖锐的冲突。

这种冲突主要表现为:地方政府会优先将紧邻道路的地块用于工商业活动或鼓励沿道路两侧的土地开发项目,地产开发商为了获取最大的利润会把靠近道路的土地划分为狭小的地块,从而极大地增加与干线直接相连的支线道路。随着时间的推移,密集分布的支线道路导致过多的小区内出行交通量直接转移到干线道路上,造成干线交通冲突加剧、拥挤增加、道路通行能力下降。为了改善相关交通问题,最直接和最简便的方法就是新建或改扩建现有道路基础设施,这样可以在短期内改善道路的拥挤状况、提高或恢复道路运输的服务水平。但交通条件的改善,又刺激了沿线土地的开发力度,如果对沿线规划建设和交通不进行有效控制,上述循环过程不久又会重现。

接入管理是一种先进的设计与管理技术,是现代交通条件下对道路设施和交通设施的规范化技术。接入管理的目的是在保证道路运输系统安全和高效的前提下,提供道路临近土地开发区域车辆的有效接入;在土地开发利用的过程中,为机动车提供方便的接入,同时保证整个道路交通运输体系的安全和效率。该技术通过消除道路冲突因素、减少冲突数量、减轻冲突程度及分离冲突区域,减轻和消除各种交通安全隐患,为道路使用者创造更安全的交通环境。其作用主要体现在以下几个方面:接入管理技术可以减少交通事故、提高道路通行能力、减少出行时间和延误;接入管理技术可以延长道路的使用年限,节约大量的建设资金;接入管理技术不仅能够减少交通拥挤、提高公众的安全感,还可以美化环境。

接入管理技术还能提高道路相邻土地利用效率,可促进干线道路两侧土地合理利用。另外,由于交通状况的改善,可有效减少机动车的尾气排放,对环境保护也有重要意义。该技术体系的广泛推广将极大地改善我国道路平面交叉口的交通安全状况,提高道路和道路平面交叉口的交通安全水平,具有重要的社会经济意义。

本书系统全面地介绍接入管理的基础理论和应用技术，共 8 章。第 1 章绪论，内容包括：道路交通管理的状况分析，道路接入管理的概念，道路接入管理的历史及研究现状，道路接入管理的作用，道路接入管理的原则，以及接入管理战略和战术的着眼点；第 2 章道路功能及接入分类，内容包括：道路功能分类，道路接入原则及分类，道路接入分类的相关应用，以及接入管理分类实例；第 3 章土地开发与道路接入，内容包括：土地开发与交通的关系，土地利用分类与接入管理，以及接入控制；第 4 章道路接入间距，内容包括：平面交叉口间距划分模式，交叉口功能区，平面交叉口间距影响因素及分析范围，信号交叉口间距分析，接入间距与交叉口角净距分析，以及平面交叉口间距标准；第 5 章道路接入设计，内容包括：接入设计原则，接入点的视距，接入道路设计要求，功能区内接入道路的设计，中央分隔带开口设计，转弯车道的设计；第 6 章弱势群体安全保护设施，内容包括：人行道，人行横道，非机动车道，中央分隔带，侧分带，行人安全岛，以及平面交叉口弱势群体保护设计建议；第 7 章立交区域接入管理，内容包括：立交区域的重要性及意义，立交区域土地利用策略与接入策略，立交区域接入道路间距，以及立交区域交通组织；第 8 章道路接入管理实施，内容包括：接入管理实施内容，接入权限获得，接入许可流程，接入监督及法规建设，以及管理部门间协作。

在本书的撰写过程中项乔君、张国强、袁黎、朱胜雪给予了有力的支持，张文波、张聪、盛飞、邢莹莹、卢为杰和龙思锦参与了本书的整理和绘图工作，在此深表感谢。

本书作者都是长期从事交通安全研究的第一线工作人员，希望本书的出版能为我国道路交通安全的改善提供理论和技术的支持。

限于作者水平，书中难免存在疏漏和不妥之处，敬请读者批评指正。

陆 键

2017 年 1 月

目　　录

前言
第1章　绪论 ··· 1
  1.1　道路交通管理的状况分析 ··· 1
  1.2　道路接入管理的概念 ·· 2
  1.3　道路接入管理的历史及研究现状 ·· 2
  1.4　道路接入管理的作用 ·· 5
  1.5　道路接入管理的原则 ·· 5
    1.5.1　明确道路的功能分类 ·· 5
    1.5.2　限制主要道路上直接接入的数目 ······································ 6
    1.5.3　减少交通冲突 ·· 6
  1.6　道路接入管理战略、战术的着眼点 ··· 7
第2章　道路功能分类及接入分类 ··· 9
  2.1　道路功能分类 ··· 9
    2.1.1　道路功能分类的定义 ·· 9
    2.1.2　道路功能分类的必要性 ·· 9
    2.1.3　道路功能分类原则 ··· 10
    2.1.4　道路功能分类方法 ··· 10
  2.2　道路接入原则及分类 ·· 12
    2.2.1　道路接入原则 ··· 12
    2.2.2　道路接入分类 ··· 12
  2.3　道路接入分类的相关应用 ·· 15
    2.3.1　接入分类在规划阶段的应用 ··· 15
    2.3.2　接入分类在管理阶段的应用 ··· 16
    2.3.3　接入分类在公路设计方面的应用 ····································· 18
  2.4　接入管理分类实例 ··· 19
  参考文献 ··· 25
第3章　土地开发与道路接入 ··· 26
  3.1　土地开发与交通的关系 ··· 26
  3.2　土地利用分类与接入管理 ·· 27
    3.2.1　土地利用分类 ··· 27

3.2.2 不同类型土地的接入管理 ………………………………… 28
3.2.3 干线公路两侧的土地开发 ………………………………… 31
3.3 接入控制 ……………………………………………………………… 32
3.3.1 干线区域交通流 …………………………………………… 32
3.3.2 交通流接入原则 …………………………………………… 33
参考文献 …………………………………………………………………… 35

第4章 道路接入间距 …………………………………………………… 37
4.1 平面交叉口间距划分模式 …………………………………………… 37
4.1.1 交叉口间距 ………………………………………………… 37
4.1.2 接入间距 …………………………………………………… 38
4.1.3 交叉口角净距 ……………………………………………… 39
4.2 交叉口功能区 ………………………………………………………… 39
4.2.1 交叉口上游功能区 ………………………………………… 40
4.2.2 交叉口下游功能区 ………………………………………… 40
4.3 平面交叉口间距影响因素及分析范围 ……………………………… 41
4.3.1 平面交叉口间距影响因素 ………………………………… 41
4.3.2 平面交叉口间距分析范围 ………………………………… 42
4.4 信号交叉口间距分析 ………………………………………………… 43
4.4.1 信号交叉口安全间距理论分析 …………………………… 43
4.4.2 信号交叉口效率间距理论分析 …………………………… 45
4.4.3 信号交叉口间距仿真分析 ………………………………… 46
4.5 接入间距与交叉口角净距分析 ……………………………………… 47
4.5.1 接入间距的影响因素 ……………………………………… 48
4.5.2 交叉口角净距 ……………………………………………… 53
4.6 平面交叉口间距标准 ………………………………………………… 54
4.6.1 信号交叉口间距 …………………………………………… 54
4.6.2 接入间距与角净距 ………………………………………… 55
4.6.3 道路平面交叉口最小间距标准 …………………………… 55
4.6.4 平面交叉口间距标准的应用 ……………………………… 56
参考文献 …………………………………………………………………… 56

第5章 道路接入设计 …………………………………………………… 58
5.1 接入设计原则 ………………………………………………………… 58
5.2 接入点的视距 ………………………………………………………… 58
5.2.1 无控制交叉口 ……………………………………………… 59
5.2.2 次路停、让控制交叉口 …………………………………… 60

5.2.3　信号控制交叉口和全停控制交叉口 ………………………………… 62
　　5.2.4　主路左转视距 ………………………………………………………… 63
5.3　接入道路设计要求 …………………………………………………………… 64
　　5.3.1　接入道路开口宽度 …………………………………………………… 64
　　5.3.2　接入道路渠化岛 ……………………………………………………… 65
　　5.3.3　接入道路喉径深度 …………………………………………………… 65
　　5.3.4　接入道路右转车道的设置 …………………………………………… 67
5.4　功能区内接入道路的设计 …………………………………………………… 67
　　5.4.1　功能区内接入道路的关闭 …………………………………………… 67
　　5.4.2　功能区内接入道路的出入控制 ……………………………………… 68
　　5.4.3　功能区内接入道路的接入顺序 ……………………………………… 69
　　5.4.4　功能区内接入道路与交叉口进口道直接相交的处理 ……………… 70
　　5.4.5　功能区内接入道路的合并与合流 …………………………………… 71
5.5　中央分隔带开口设计 ………………………………………………………… 74
　　5.5.1　中央分隔带开口形式及其组合 ……………………………………… 74
　　5.5.2　中央分隔带开口组合型式 …………………………………………… 75
　　5.5.3　U形转弯开口 …………………………………………………………… 79
5.6　转弯车道的设计 ……………………………………………………………… 82
　　5.6.1　转弯车道设计方法 …………………………………………………… 82
　　5.6.2　转弯车道控制因素 …………………………………………………… 89
　　5.6.3　间接左转车道 ………………………………………………………… 93
参考文献 ……………………………………………………………………………… 94

第6章　弱势群体安全保护设施 …………………………………………………… 95
6.1　人行道 ………………………………………………………………………… 95
　　6.1.1　人行道设置条件 ……………………………………………………… 95
　　6.1.2　人行道设计要求 ……………………………………………………… 96
　　6.1.3　人行道交叉口转角设计 ……………………………………………… 96
6.2　人行横道 ……………………………………………………………………… 98
　　6.2.1　基本原则 ……………………………………………………………… 99
　　6.2.2　人行横道设置条件 …………………………………………………… 99
　　6.2.3　人行横道设计要求 …………………………………………………… 99
6.3　非机动车道 …………………………………………………………………… 102
　　6.3.1　非机动车道设置条件 ………………………………………………… 103
　　6.3.2　非机动车道设计要求 ………………………………………………… 103
6.4　中央分隔带 …………………………………………………………………… 103

6.4.1　中央分隔带设置条件 ………………………………………………… 103
　　　6.4.2　设计要求 …………………………………………………………… 103
　6.5　侧分带 ……………………………………………………………………… 104
　　　6.5.1　侧分带设置条件 ……………………………………………………… 104
　　　6.5.2　侧分带设计要求 ……………………………………………………… 104
　6.6　行人安全岛 ………………………………………………………………… 105
　　　6.6.1　行人安全岛设置条件 ………………………………………………… 105
　　　6.6.2　行人安全岛设计要求 ………………………………………………… 106
　6.7　平面交叉口弱势群体保护设计建议 ……………………………………… 106
　参考文献 ………………………………………………………………………… 108

第7章　立交区域接入管理 …………………………………………………… 109
　7.1　立交区域的重要性及意义 ………………………………………………… 109
　　　7.1.1　社区经济重要性 ……………………………………………………… 109
　　　7.1.2　交通系统重要性 ……………………………………………………… 109
　　　7.1.3　土地利用与交通关系重要性 ………………………………………… 110
　　　7.1.4　交通安全重要性 ……………………………………………………… 111
　　　7.1.5　交通设计及政策重要性 ……………………………………………… 111
　7.2　立交区域土地利用策略与接入策略 ……………………………………… 111
　　　7.2.1　立交区域土地利用策略 ……………………………………………… 111
　　　7.2.2　立交区域接入策略 …………………………………………………… 113
　7.3　立交区域接入道路间距 …………………………………………………… 116
　　　7.3.1　接入道路间距的组成要素 …………………………………………… 116
　　　7.3.2　距第一个主要交叉口的距离 ………………………………………… 117
　　　7.3.3　距第一个出入口距离 ………………………………………………… 118
　　　7.3.4　距第一个中央分隔带开口距离 ……………………………………… 120
　7.4　立交区域交通组织 ………………………………………………………… 120
　　　7.4.1　衔接部交通组织方式 ………………………………………………… 121
　　　7.4.2　衔接部交通组织优化设计 …………………………………………… 122
　　　7.4.3　衔接部接入管理技术 ………………………………………………… 123
　参考文献 ………………………………………………………………………… 125

第8章　道路接入管理实施 ……………………………………………………… 127
　8.1　接入管理实施内容 ………………………………………………………… 127
　　　8.1.1　道路现状及接入需求分析 …………………………………………… 127
　　　8.1.2　接入口周边土地利用分析 …………………………………………… 127
　　　8.1.3　道路功能与接入分类分析 …………………………………………… 128

	8.1.4 详细的接入口设计	128
	8.1.5 接入设计效果评估	128
	8.1.6 接入管理保障体系	129
8.2	接入权限获得	129
8.3	接入许可流程	130
	8.3.1 初步审查	130
	8.3.2 预备申请会议	132
	8.3.3 正式提交申请	133
	8.3.4 许可申请部门审查	133
	8.3.5 许可申请部门决策	134
	8.3.6 申诉	135
8.4	接入监督及法规建设	136
8.5	管理部门间协作	136

第1章 绪 论

1.1 道路交通管理的状况分析

随着我国经济的高速发展,公路运输需求增长强劲,公路基础设施建设发生历史性转变。公路建设得到中央和地方各级政府的重视,要想富、先修路,公路建设的重要性逐步为全社会所认识。在统一规划的基础上,开始有计划的全国公路基础设施建设。20世纪80年代,国家干线公路网和国道主干线系统规划先后制定并实施,使公路建设有明确的总体目标和阶段目标;公路建设在继续扩大总体规模的同时,重点加强对质量的提高,高速公路及其他高等级公路的迅速发展,改变了我国公路事业的落后面貌,尤其是高速公路、一级公路等高等级公路的建设更是取得长足的进步。截至2015年底,我国公路通车总里程达到457.73万km,其中高等级公路约占通路总里程的12.6%,其他等级公路则约占通路总里程的87.4%,无论是道路质量还是道路数量都取得较大成就。目前,我国以高速公路为核心的四通八达的公路网络已基本形成,公路交通的强大优势有力地推动社会、经济的发展。然而,与此同时,公路交通的安全问题、拥堵问题和环境污染问题逐步显露出来。

为了改善相关交通问题,最直接和最简便的方法就是新建或改扩建现有公路基础设施,这样可以在短期内改善公路的拥挤状况、提高公路运输的服务水平。起初,政府部门规划和修建新的公路或者对现有的公路进行拓宽,改善公路网络的服务水平,提高公路周边地区土地的可达性,土地可达性的提高又进一步推升土地的价值,并刺激着房地产业的发展。然而,随着时间的推移,公路交通需求会迅速增长,导致交通拥挤重新出现,并最终使公路的服务水平退回到以前的水平。由此,公路建设、交通增长和土地利用之间便形成恶性循环。在缺乏有效规划和接入管理的情形之下,交通的增长、土地利用的增强和社会经济的发展与公路交通系统之间就出现尖锐的冲突。

这些冲突表现为以下几个方面:①公路沿线的土地开发导致修建大量的路边建筑物。从经营者的角度来看,这些紧靠公路的建筑物对于商业活动和工业生产非常有利,由这些建筑物所产生的交通需求可以非常方便地驶入或者驶出周边的公路系统,给商业和生产活动带来巨大的交通便利。然而,就公路交通系统而言,这些紧邻公路的建筑物会妨碍未来修建新的道路或原有道路的拓宽,影响未来公路系统的建设和发展。②地产开发商为了获取最大利润会将靠近公路的土地划分为狭小的地块,从而极大地增加与干线公路直接相连的接入道路。地方政府可能会拆解紧邻公路的地块用于商业活动或者提供设施鼓励沿公路两侧的商业开发。随着时间的推移,密集分布的接入道路导致更多的小区内出行转移到主要干线公路上,使交通冲突加剧,交通拥挤增加。随之而来的是,为了修复公路的安全性能和通行能力,整个公路系统又需要重新改善,从而形成新一轮循环。③即使公路重建花费大量的资金,由于临近公路的不动产所有权的复杂性和公用事业用地的局限,很难对接入道路和循环道路进行有效的设计。在很多情形下,必须修建新的主干公路或旁路以替代功能荒废的公路;此后,如果不进行接入控制,上述循环过程还会在新的地方重现。

安全和高效的道路服务水平是交通研究者追求的共同目标,出入口是干线公路与其他不同等级接入道路交通流转换的关键节点。随着地方经济的快速发展,干线公路周边土地利用强度日益提升,干线公路两侧的接入道路数量骤增,安全隐患增大。研究干线公路接入管理方法可以有效指导交通安全隐患点分析、道路改造和扩建;建立完善的平面交叉口增设行政许可审批办法,规范道路开口并保障开口设置科学合理,可以为道路安全长效运行提供政策和法律保障。

1.2　道路接入管理的概念

国外从 20 世纪 70 年代开始系统研究接入管理技术(access management technology),现在已经形成一套比较完善的体系。美国交通运输研究委员会(Transportation Research Board,TRB)接入管理手册(*Access Management Manual*)的定义:接入管理(access management,AM)是指针对特定道路,对其接入支路的位置、间距、设计及运营,中间带开口、立交、接入的街道进行系统控制。接入管理也包括道路设计方面的应用,如中间带处置、辅助车道及交通信号适当间距的确定等。接入管理的目的是在保证道路运输系统安全和高效的前提下,提供道路临近土地开发区域车辆的有效接入。当代的接入管理应用已有新的进展,包括接入设计及所有道路的选位控制——不局限于限制接入的公路或高速公路。

1.3　道路接入管理的历史及研究现状

道路接入管理并不是一个新概念,现在的道路接入管理只不过是对 20 世纪早期的概念重新进行了运用。但是,除了在高速公路、快速路和城市交通走廊的有限运用外,接入管理作为道路设计和决策中的一个重要工程和安全参考因素,其重要性明显被低估。

20世纪初期，机动车并不发达，自行车和马车仍是主要的交通工具。1900年，美国仅有8000辆机动车，而自行车和马车的数量均超过百万辆，主要的公共交通方式以有轨电车为主，尤其是在第一次世界大战期间更是达到顶峰。随着城市的发展，大量的马车、自行车、公共交通和偶尔出现的机动车就产生拥堵，进而极大降低城市出行效率。对机动车和出行模式进行控制的必要性逐渐显现。最早的接入控制法案之一是由新泽西州于1902年制定的。该州授权州内各郡可以为马车和轻型机动车建立快速道路。该法案规定，一旦确定快速道路的位置，在未经所在郡许可的情况下，任何公路或街道均不能与快速道路平面交叉。1906年，美国高等法院进一步规定，各州应该按照当地法律法规决定道路接入权限。1914年，接入控制的概念被进一步拓展。纽约维斯彻斯特郡开始在城区修建公园大道。例如，布朗克斯河公园大道以毗邻的公共公园用地作为缓冲带，防止直接的私人接入。这些公园大道因为能够提供方便安全的出行而备受全世界的关注。

同一时期，机动车迅猛发展，并逐步成为交通拥堵产生的主要因素。1900~1920年，机动车保有量由最初的8000余量蹿升至1000万辆。大量的机动车行驶于城镇之间。激增的机动车出行尚在城市道路的承载范围内，但是对于乡村老旧的道路系统来说，无疑是一个巨大的挑战。而且，除了东部地区存在少量的城郊大道和一些公园大道外，乡村道路基本没有任何的接入控制。到了20世纪30年代，至少有2700万辆机动车驶入公路。由此引发的交通拥堵及接入管理的缺失等一系列问题逐渐显现。

为了有效应对这些交通问题，保证公路系统的长期高效运行，一些州开始建设全封闭或部分封闭的高速公路，并逐步完善州际道路系统。除了道路建设的加速，公众对于干道直接接入的需求也逐渐提升。尤其是一些商业中心开始逐步向主干道周边转移，以便吸引潜在的大量顾客。截至20世纪40年代末，几乎每一个州都在一定程度上拥有接入控制的法案。同时，一些法院判决也确立州政府拥有道路接入控制的合法权利，进而确保公众的安全和公路系统的功能完整。但是对州际道路系统进行接入控制已获得广泛认可的情况下，公共道路系统的接入控制却经常被忽视。联邦政府采用三级接入控制策略：针对州际系统的全封闭，针对次级高速公路和公园大道的部分封闭，以及其他道路的无控制。其中无控制道路约占整个公共道路系统的98%。尽管大量研究已经证实接入控制的优越性对于所有道路类型均适合，但是接入管理并未有效地应用于主要的干线公路，更不用说应用于次干道。尤其是在城市区域，非全封闭主干道的接入管理仍然比较差。因此，在主干道上，越来越多和越来越频繁的接入需求并未遭到反对。一些州的接入道路间距标准一般为10~50ft①，并一直沿用至今。而这些标准明显忽略较

---

① 1ft=3.048×10^{-1}m，下同。

大间距的重要性,并被证明会多引发 20%～40% 的交通事故。据估算,自 1950 年以来,相关的交通事故至少导致 100 万人死亡和 1 亿人受伤。

直到 1979 年,科罗拉多州才第一个开始针对整个道路系统实施综合的接入管理。这就意味着在该州无论接入什么等级的道路都要获得州政府的许可。为支持该行动,该州公路委员会在立法机构的领导下建立了一套完善的标准和流程,并于 1981 年被正式采纳。区别于早期的接入管理,新的接入管理标准和流程应用于所有的道路,而不仅仅是高速公路和快速路。尽管这一法案被认为较为激进,但是这是 77 年经验积累的结果。该法案还有一个重要条款就是接入控制的程度要与公路功能相适应,同时需要考虑公路流量和类型、周边土地利用及社区规划。最终在 1998 年的版本中,科罗拉多州的接入管理法规包括 8 个层级的接入控制分类。越低的层次可以比越高的层次设置更多的接入。在所有层级中,接入间距主要根据建议速度下的停车视距来确定。

目前,越来越多的美国公路机构和下属各州开始检查过去的接入控制政策,并引入新式理念。美国联邦公路管理局(Federal Highway Administration,FHWA)和美国运输研究委员会着手开发了第一个国家层面的接入管理手册,系统介绍了当前接入管理的相关政策、实施和标准。美国国家公路与运输协会(American Association of State Highway and Transportation Officials,AASHTO)在美国公路合作研究组织 420 报告(National Cooperative Highway Research Program)报告的基础上,将现代接入管理技术引入下一代的"绿皮书"中。一些州也开始着手修订现有的政策和标准。但是目前只有三个州采纳全系统的道路接入控制策略。

虽然接入管理技术在国内尚处于起步阶段,相关的研究仍不充分,相关的应用极少,但是部分国内学者也开始逐步引入该技术。杨孝宽系统翻译了美国联邦公路局和美国运输研究委员会的《出入口管理手册》,对引导国内的相关研究起到重要作用。陆键将接入管理技术应用于公路平面交叉口和高速公路出口匝道的安全设计中,取得了丰硕的成果。目前,接入管理技术在国内的应用虽不如美国普及,但是通过国内同行的努力,接入管理技术会作为提高道路服务水平和安全水平的一种有效手段,而在未来得到广泛使用。

本书作者及研究团队基于"205 国道江苏段出入口安全评价研究"、"江苏省临海高等级公路交通安全设计与评价"、"上海市干线公路平面交叉口增设行政管理审批制度研究"等多个项目的研究探索,积累了公路出入口事故成因、安全设计要素和接入管理方法等的成果,对出入口安全风险控制、评价和管理方法有更深层次的思考和认识,相关研究成果得到省(市)道路建设和管理养护部门采纳、推广和应用。

1.4 道路接入管理的作用

道路接入管理是为了在土地开发利用的过程中,为机动车提供方便的接入,同时也保证整个道路交通运输体系的安全和效率,其主要目的是为了维护道路的功能,道路接入管理的作用体现在以下几个方面:

(1) 道路接入管理技术可以减少交通事故、提高道路通行能力、减少出行时间和避免延误。

(2) 道路接入管理技术可以延长道路的使用年限,节约大量的建设资金。

(3) 道路接入管理技术不仅能够减少交通拥挤、提高公众的安全感,还可以美化环境。

1.5 道路接入管理的原则

1.5.1 明确道路的功能分类

道路的功能定位是承担跨区间长距离的机动车交通,主要提供机动性的交通功能;集散公路以汇集和疏散车流为目标,将干线公路和地方道路连接起来,为机动性和可达性的转换提供过渡;辅助道路是与建筑物直接相连的道路,它将不同建筑物与集散公路联系起来,为满足道路两侧接入需求而设。对于干线公路两侧的用地,不应允许其在干线公路上随意开口,应当通过辅助道路连接到集散道路,再连接至干线公路以保证干线畅通,即建筑物→辅助道路→集散道路→干线公路。图 1-1 所示为美国佛罗里达州某干线公路一侧的接入道路图,从图中可以看出,住宅均未直接接入干线公路,而是接入干线公路南侧的辅助道路,辅助道路再与集散道路相连,最终接入干线公路,公路职能清晰。

图 1-1 某干线公路一侧的接入道路图

1.5.2 限制主要道路上直接接入的数目

接入间距是指较低等级道路接入干线公路形成的接入口之间的距离。在进行接入管理时,应严格控制接入间距和单位距离内接入点的数量。干线公路两侧如果接入间距过小或单位距离内接入点过多,不仅将产生冲突重叠区影响视距和交通安全,而且将影响过境交通的运行速度和通行能力。图1-2、图1-3所示为某一区域接入管理前后对比效果图。该区域在未进行接入管理时,各个建筑物均开口接入干线公路,导致接入间距过小。在进行接入管理后,对各建筑的接入进行了有效管理,将干线公路的接入点减少至两个,减少了潜在交通冲突数量,提升了道路安全性。

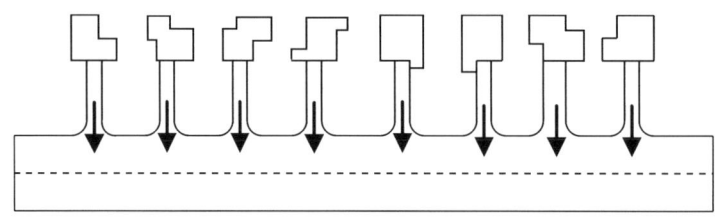

图 1-2　未实施接入管理用地

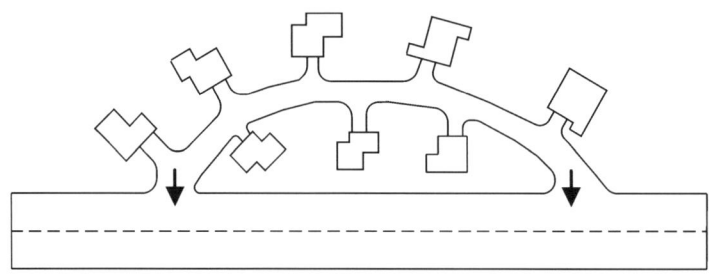

图 1-3　实施接入管理用地

1.5.3 减少交通冲突

交通冲突往往是由于交通参与者不规则驾驶行为引起的。如果前车的行驶状态突然发生改变,而后车不采取紧急规避措施就容易产生交通冲突。通过对驶出干线公路的车辆实行分流,减少转向车流与直行车流的相互干扰是减少交通冲突的一种方法。此外,科学有序的土地开发规划、完善的接入管理规范、合理的交通流组织等可以减少交通冲突的发生。图1-4是美国某干线公路出入口接入控制示意图,从图中可以看到中央分隔带及左右转车道的设置情况。

图 1-4　干线公路接入冲突控制

1.6　道路接入管理战略、战术的着眼点

道路接入管理从研究的范围来看,包括公路与城市道路。从研究内容上来看,可分为战略层面及战术层面。其中,战略层面(规划管理)倾向于宏观、系统管理,包括接入管理政策、接入前的审批申请、接入区域土地利用规则等方面的内容;战术层面(具体设计)主要包括各种具体的相关接入管理技术。主要蕴含的内容如图 1-5 和图 1-6 所示。

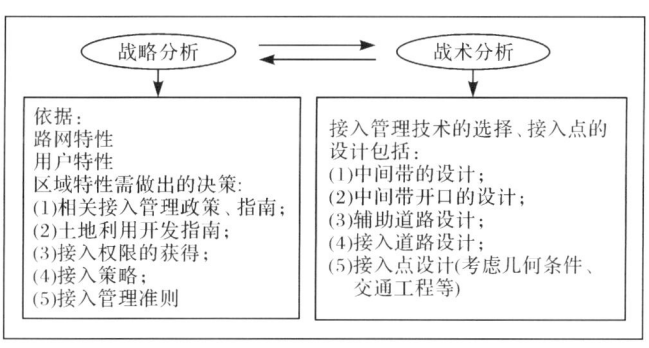

图 1-5　公路接入分类体系应用关系

从道路接入管理技术实际应用领域来看,主要涵盖四部分内容:①道路功能分类;②接入口选位;③接入间距标准;④接入几何设计。具体的道路接入管理技术则主要包括以下几种:①信号交叉口的间距设置;②无信号接入道路的间距设置;③接入道路与交叉口的间距设置;④中央分隔带形式,以及分隔带开口形式、距离的设置;⑤左/右转车道的设计;⑥接入道路的控制及导入设计;⑦间接左转、

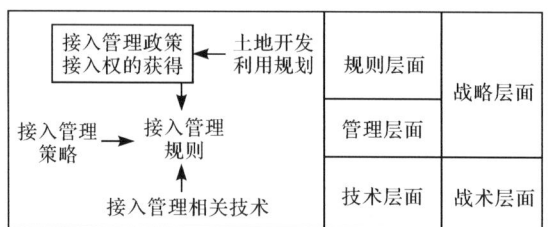

图 1-6 道路接入管理技术应用分类

U 形回转设计;⑧干道平行道的设计;⑨道路周边路网设施的完善。

第 2 章　道路功能分类及接入分类

2.1　道路功能分类

2.1.1　道路功能分类的定义

道路功能分类是指：以道路的本质属性或其他显著属性特征作为根据，将各种等级层次或类别的道路集合成类的过程。道路功能分类与交通出行特性、交通出行需求及道路服务特性密切相关。道路按功能分类的最基本观点是：任何一条公路或街道在交通体系中并不是独立地服务于出行，而是通过道路网络表现其作用的。因此，在网络中将出行按照合理的和有效的方式进行分类显得非常有必要。道路功能分类通过定义特定道路或街道应该在路网服务出行流过程中扮演的角色，揭示这种服务过程的本质。图 2-1 简要描述一个小型路网中不同功能等级公路的关系。

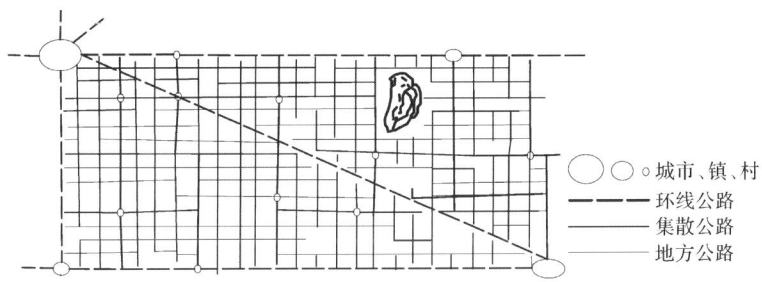

图 2-1　按功能分类的公路网示意图

2.1.2　道路功能分类的必要性

我国道路等级划分体现在《城市道路交通规划设计规范》(GB 50220—95)中，主要目的是为道路的规划设计和道路建设服务，而对道路建成后的使用、运行和管理考虑不多。但灵活有效地管理是实现交通流平稳高效运转的重要手段，这就要求在确定道路等级体系划分时，应从道路使用的角度，全面考虑道路规划、建设、使用及管理一体化的要求。道路功能设计应摆脱单纯为汽车服务的观点，从使用者的角度出发，更多考虑道路建成后的运行和管理，要在规划和建设阶段为其留有足够的空间。

2.1.3 道路功能分类原则

我国道路功能分类应考虑的因素包括客观环境变化发展的因素，如社会经济发展需求的层次性、行政管理体制的层次性等，道路交通自身发展的因素，如路网整体通行能力的提高、路网整体服务水平的提高等。我国道路功能分类一般应根据下述原则制定：

(1) 公路层次结构明确，避免烦琐杂乱和互相交织。

(2) 公路网服务功能完善。各层次之间要充分体现公路功能特征，即保证畅通性与接入性的总体平衡。

(3) 管理主体明确。功能分类设置要与我国的国家行政管理体制紧密结合，有利于国家及地方各级政府对公路网的规划、建设、管理，便于事权与财权的划分。

(4) 以功能为依据，通过管理来保证。城市道路体系的划分应以道路所提供的功能为依据。不同的城市规模与土地使用性质，对道路的功能提出不同的要求，因此城市道路分类的重要依据是道路上的交通流特性、道路两侧用地性质及道路的主要服务对象等；城市道路等级体系划分的实现需通过管理来保证，反映在管理政策上就应明确各类道路的优先服务对象。例如，快速路为机动车服务尤其是客运车辆服务；而支路除机动车通行外，还应充分考虑慢行交通需求，甚至优先考虑慢行交通。

(5) 体现区域差别。要充分考虑同一等级道路在不同区域内道路主要服务对象的差异、道路服务水平要求的差异等。

2.1.4 道路功能分类方法

道路功能分类是根据道路在整个路网中所承担的主要任务来定义的。从路网的角度来讲，道路一般具有两种功能：交通功能（通过性）和接入功能（通达性）。功能等级越高的道路在路网中的主要功能是为了实现快速的交通，即交通功能占主导地位；功能等级较低的道路在路网中的主要功能是为了实现方便的接入，即接入功能占主导地位。概括而言，道路的交通功能随着道路功能等级的上升而提升，道路的接入功能随着道路功能等级的下降而提升。对于特定道路而言，确定其功能等级的核心在于对其交通功能与接入功能的综合考虑。

根据以上公路功能分类的思路，公路接入点等级分类的基本层次主要有三级：①第一级，承担出入境、过境和组团间的长距离、通过性极强、道路两侧严格限制开口的道路；②第三级，主要以到达和出入为服务目的，允许在道路两侧开口、短距离、集散性极强的道路；③第二级，介于第一级公路和第三级公路之间，通过性交通和集散性交通并重，道路两侧可少量开口，既到达一定程度上的"通"，又满足一定程度上的"达"。

根据《公路工程技术标准》(JTG B01—2014)、《公路路线设计规范》(JTG D20—2006),借鉴国内外的研究成果,结合我国的国情可以将公路(除高速公路外)按功能分为三大类五小类,如图2-2和表2-1所示。

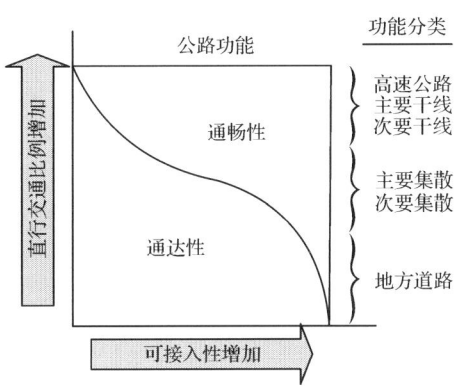

图 2-2　公路体系功能层次概念图

表 2-1　各类型公路分类体系

功能	主要特征
主要干线公路	①服务于国家级地区活动中心,拥有最大的交通量和最长的出行距离; ②连接所有省会、直辖市和重要的地级市; ③主要提供通畅性的服务,出入口受到严格控制; ④组成一个完整的公路网络系统,除了在特殊地理条件或交通流条件下(如在国界线或连接沿海城市的地区),否则没有断头路
次要干线公路	①连接一定区域范围内的主要地、市、县、工农业生产基地、重要经济开发区、旅游名胜区和商品集散地,提供省际和城际公路交通服务,形成完整的网络; ②与人口密度相统一,相隔一定的间距,以使地区内所有的发达地区都与主干线公路距离适当
主要集散公路	①服务于所有不在主干线公路上和不能直接被更高一级系统服务的地区,同时服务于其他重要交通产生源,如综合学校、运输枢纽、重要的矿业和农业区; ②连接相邻的城市或城镇,或更高等级的公路; ③服务于市内重要的交通走廊
次要集散公路	①从地方公路上汇集交通; ②空间上保持一定的间距,使所有的发达区域保证在集散公路的合适距离内; ③服务于较小的地区,连接县(市)、乡(镇)和其他交通产生源; ④为地方经济往来、生产生活、行政管理,以及文化教育、卫生医疗等日常出行服务
地方道路	①提供到相邻地区的出入口,服务相对于集散公路和干线公路较短的出行; ②连接乡(镇)、村等行政区和其他交通产生源

各级公路主要服务对象的区位特征决定了出行应当遵循地方公路→集散公路→干线公路的逐级递增以及相反的逐级递减的公路等级切换原则。相对于不同功能性划分等级的公路，相邻区域内产生的交通流对公路的接入方式有所不同。居住性区域产生的交通流发生时间段集中，短时间内承担较大的交通量，出行时间短、出行距离近，以小型车辆居多。应设法限制该类交通直接进入主要干线型公路，在该区域内设置辅助集散性公路，将交通流汇集在相对次要的集散公路上。集散公路与干线公路相连使不同出行距离、出行时间的交通流行驶在相应功能等级的公路上。合理设置辅助公路，合并、删减多余、无序接入点，可以降低该区域对主要公路的影响，提高主线安全。

2.2 道路接入原则及分类

道路接入分类是以道路功能分类为基础，再综合考虑其他必要的指标予以制定。对于某条具有特定功能等级的公路而言，其沿线土地可根据不同的指标，如土地利用类型、程度以及车速等，在不同路段采用不同的接入分类标准。功能分类为宏观概念，其针对的是网级层面的公路网；接入分类则为中观概念，根据功能分类，将其进一步细化，为道路的规划、设计提供指导。

2.2.1 道路接入原则

出入口是干线公路的重要节点，往往也是交通事故频发点和产生交通延误的道路瓶颈点，遵循一定的出入口接入原则，进行有效的出入口管理，能提高道路通行能力，降低交通事故率，减少延误，使道路安全而有效地运行。具体的道路接入原则包括以下几点：

（1）减少接入点对主线道路的干扰。
（2）控制各个接入点的间距，限制单位距离内的接入数量。
（3）减少接入点与主线道路因接入产生的冲突点的数目。
（4）分离接入道路与主线的冲突区域。
（5）合理渠化接入点，为接入点提供完善的交通组织方式。

2.2.2 道路接入分类

接入管理可以分为两大类：摩阻管理(management of friction)-限制接入和风险管理(management of risk)-许可接入。通过控制干线公路允许接入的数目、频率和接入动作，可以将接入方式分为五大类，见表2-2。

这五种接入方式分类体系分别对应土地和公路的不同管理强度的等级关系，目的在于减少由于道路接入而引起的交通摩阻和交通安全风险。表2-3是对这五种接入方式的简单定义和功能描述。

表 2-2 接入方式分类

接入管理的主要目的	控制连接数量和频率		控制接入的速度和转向	
	由公路局管理控制	按照规范要求	按照规范要求	按照地方设计指南
摩阻管理-限制接入	A	B		
风险管理-许可接入	—	C	D	E

表 2-3 五种接入分类方式定义

接入分类	等级	与连接土地和道路的功能关系
A	全部控制出入的高速公路	公路与连接道路间没有功能上的联系
B	限制车辆进出的公路	以运输功能为主,也作与相邻道路的连接功能
C	控制接入地点和转向的公路	与高速公路兼容混合使用,在发展上建立合理等级的公路连接
D	设计了接入许可的城市道路	在交通网络中以服务为主,也有服务接入的需要,有较高的灵活性
E	没有具体接入准则的地方道路	道路是接入和流通系统的一部分,主要作用是服务当地的土地利用和一些当地活动

一条公路(或临街道路)选择适当的接入位置应该基于以下两个原则:

(1)考虑该公路在交通运输网络中,不管现阶段或未来都要起一定的作用。

(2)考虑任何程度的车辆出入都需要加以控制和管理,以保证公路的安全性并提高效率。

根据具体的公路规划原则、设计标准以及公路的功能属性,可以将接入管理划分为七类,将等级从高到低,分别给予各接入类别 AMC(access management category)描述、接入设计目的及将来所预期达到的运行条件,见表 2-4。

表 2-4 接入分类体系中各 AMC 特点描述[1]

等级	描述	目的	运行期望达到条件
AMC 1 全控制接入 (高速公路)	与附近公路没有功能联系,完全是为了满足高速运营	消除由于相交道路引起的交通摩阻	成果需要公路管理部门根据与该道路相关的发展评定分类标准
AMC 2 只允许在交叉口接入(城市主干道)	交通功能为主,车辆只能在信号交叉口处接入,适合于有较高车速的城市主干路、国道的城市道路部分	①保护公路的交通功能;②减小交通接入,提高连接道路的顺畅性;③减小交通摩阻和与接入道路引起的交通事故	①保证乘客的安全性;②达到城市地区 80km/h、乡村地区 100km/h 的运行速率(信号交叉口除外)

续表

等级	描述	目的	运行期望达到条件
AMC 3 限制城市道路接入	拥有以交通功能为主的城市道路,同时也需要考虑与连接公路的交通量需求,车辆汇入空间很大	①保护城市道路的交通功能;②减小交通接入,提高邻接道路的通畅性;③减小城市道路的交通摩阻和与接入道路引起的交通事故;④提高车辆有序的接入秩序,车辆不能接入相邻土地,但可以更频繁的接入次干路	①保障乘客的安全;②在可能的条件下能够达到80km/h的运行时速(转向时和交叉口处除外);③为毗邻土地提供适当的商业机会
AMC 4 限制乡村公路接入	拥有以交通运输功能为主的乡村公路,同样需要考虑与相邻公路接入的需要,车辆汇入空间较小	①减小交通摩阻和高等级乡村道路由于接入引起的交通事故;②提供接入私人建筑的合理接入方式	①保障乘客的安全;②低流量的乡村公路可以适当的接入;③除了在公路管理部门决定的交叉口地址外,以期达到100km的运行时速
AMC 5 控制接入地点、转向的公路接入	同样是以交通功能为主的城市与乡村公路,但是也需要考虑满足与临近公路车辆接入的平衡,允许车辆接入,需要限制空间、接入频率、右转等,以期达到设计速率	①通过控制转向、设计、进出口的管理降低接入动作引起的交通事故的风险;②规范接入道路车辆驶入秩序	①保障乘客安全性;②有利于到达城市地区60~80km的运行时速、乡村地区100km的运行时速,取决于连接的密集度和地方因素;③在接入管理中,考虑邻近土地的利用和发展
AMC 6 通过设计控制允许接入城市道路	以服务为主的城市道路,在交通路网中也需要考虑接入服务的需要,拥有与邻接道路较高的灵活性,在考虑道路安全的同时考虑与连接土地的服务需求	通过建立合适的行驶速率和运行环境管理与接入引起的交通安全风险,以便根据土地利用允许相应等级的车辆接入	①确保乘客的安全性;②适合连接土地发展的一定等级的车辆可以接入公路;③能够达到50~60km的运行时速
AMC 7 无限制接入	没有特定限制接入的公路,这样的条件可能会适用于步行区、城市次干路、地方公路和大多数未分级的乡村道路	以确保公路接入符合选址和土地利用的需要	①根据邻近土地的需求确定连接,也要考虑过境交通量接入的需求;②尽量减少由于接入引起的交通风险

2.3 道路接入分类的相关应用

2.3.1 接入分类在规划阶段的应用

在干线公路规划阶段,相关的管理者应该首先确定规划接入道路的交通功能属性,即在路网中应该优先满足交通功能还是优先满足连接功能。然后公路局或其他规划管理部门根据接入分类体系,初步确定该接入道路应采取哪一种接入分级,并根据接入分类体系标准设计接入道路的各项指标参数。例如,在接入控制中,要通过接入口(平面交叉口)选址的确定、接入间距标准等因素确定何种分级。图 2-3 所示为干线公路在规划中是如何应用道路接入分类体系的[1]。

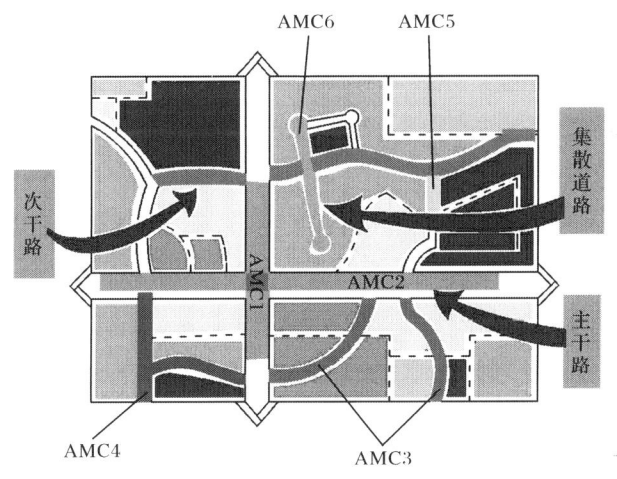

图 2-3 接入分类在规划阶段的应用图示

因此,接入分类体系在干线公路规划阶段的应用可以看成是为规划管理者提供一个参考标准。在充分考虑土地利用和道路功能的条件下,对接入方式进行规划,具体需要考虑的规划目的及内容可参考表 2-5。

表 2-5 接入分类体系在土地利用规划中的要求

规划目的	接入形式或接入要求	满足接入等级(AMC)				
		1 或 2	3 或 4	5	6	7
从高交通运输功能的道路隔离,保障社区安全	道路与连接土地间没有直接的连接(类比铁道)	√	(√)			
美化交通走道	控制交叉口之间的最小间隔	√	√	√		

续表

规划目的	接入形式或接入要求	满足接入等级（AMC）				
		1或2	3或4	5	6	7
交通功能为主,速率≥70km/h	限制直接接入的最小间距		√	√		
美化大型办公场所和工厂的景观	包括正确转向的单独接入		(√)	√		
"新城市"临街系统	频繁的住宅及商业项目,并密切限制接线的连接				√	√
行人环境	车辆出入不作为首要考虑因素,必须考虑局部控制				√	√
混合使用的临街发展	车辆直接或间接出入,不控制临街道路的接入形式			√	√	√
公路为导向的发展（单点）	创造接入要求的能力			√	√	
公路为导向的发展（带状）	通过专线的需求方便群众				√	√
沿街的高品质城市设计	没有直接或主要的接入规定			√	√	√
邻接的街道,工业、商业的接入街道	街道设计主要为了提高不受限制的接入位置和停车区					√
提供连续性的主要设施,自行车道沿线	极少出现在自行车道上、过街横道上、不控制交叉口			(√)	√	(√)

此外,干线公路在路网中的功能及以后的发展模式也可以参考使用2.2节所述的七种接入方式分类,干线公路接入分类体系中公路功能与接入类型的关系见表2-6。

表2-6 接入分类和功能分类在规划阶段的要求

功能分类	接入分类						
	1	2	3	4	5	6	7
城市高速路	√						
其他城市公路	√	√	√		√	(√)	
城市主干道					√	(√)	
其他分类					√	(√)	
城市未分类或乡村		(√)	(√)		√	√	√
乡村主要道路	√	√	√	√			

2.3.2 接入分类在管理阶段的应用

由于在全控制接入和部分控制接入的接入管理中包括高速公路、快速路、主干路和十字交叉口,因此需要综合考虑接入许可、接入管理和部分接入如何控制等因素。在交通运输机构中,需要各部门各司其职,因此,首先需给出接入权限的概念[2,3]。

接入权限是指管理者能够根据干线公路的功能等级和其他需要考虑的因素,决定该道路是否允许其他毗邻道路接入的权限。

图2-4为干线公路接入分级体系中,各接入等级是否允许其他道路接入以及接入数量示意图。

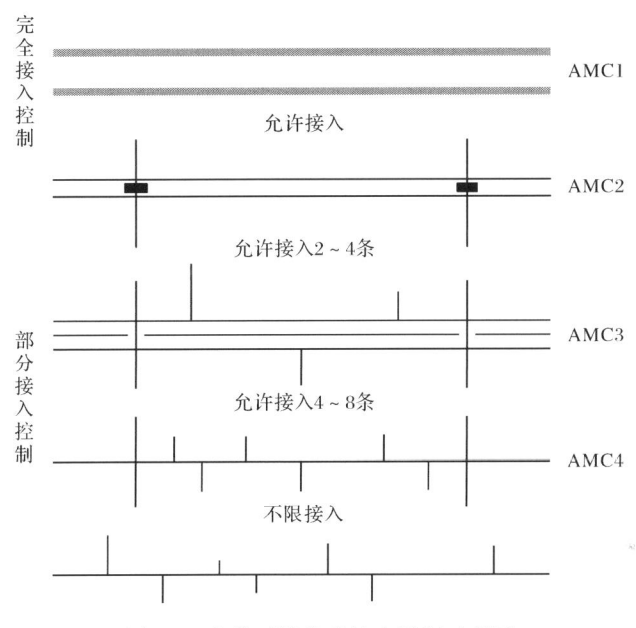

图2-4 各类干线公路接入规则示意图

在接入管理的应用上需要遵循以下原则:
(1)明确道路的功能及交叉口的分类。
(2)保持交叉口功能区的完整性。
(3)尽可能合理地限制与主路相交的支路数。
(4)尽可能减少交通流的冲突点数。
(5)将交通流的冲突区域分隔开。
(6)尽量减少转弯车流对直行车流的影响。

接入权限的管理应该由相应的交通部门来控制。在规划过程中,公路管理局和相关交通规划部门分别起不同的作用,拥有不同的权限。但最重要的一点是,要确保所接入地点是围绕地面上的各条道路之间的关系来讨论,而不是一个抽象空洞的道路层次(或道路分级)的概念。其中一个方法是,将道路接入分类方式视为对道路功能分类体系的叠加来进行研究,并强调道路接入分类与道路功能分类之间有密切联系。

只要通过规划过程给每个路段分配接入类型,就可以按照评估要求来发展。这就使得至少可以在规划阶段决定授权给哪条公路什么样的接入方式而收益,并且批准符合自然要求和地方建议的道路接入方式,然后就可以在规划书中得到与接入方式相符合的处理方法。在国道系统中,当接入方式不满足要求时,公路管理部门将有权对其进行咨询和异议。只有当某些事件不符合可接受的要求时,或在一些特殊情况下(如超过一定数量的停车位),才需要公路机构进行更严密的考虑。

但这并不意味着公路管理局在整个过程中就处于边缘地位,恰恰相反,其将发挥重大的作用:通过规定各级公路接入方式,公路管理局在道路网中为公路分配合适的地位(地方公路局在这个阶段不参与),以及继续对一些辅助技术设计进行指导。

在美国,接入权限的审批已形成一定的流程,在道路接入管理方面可以参考如图 2-5 所示的流程[4]。

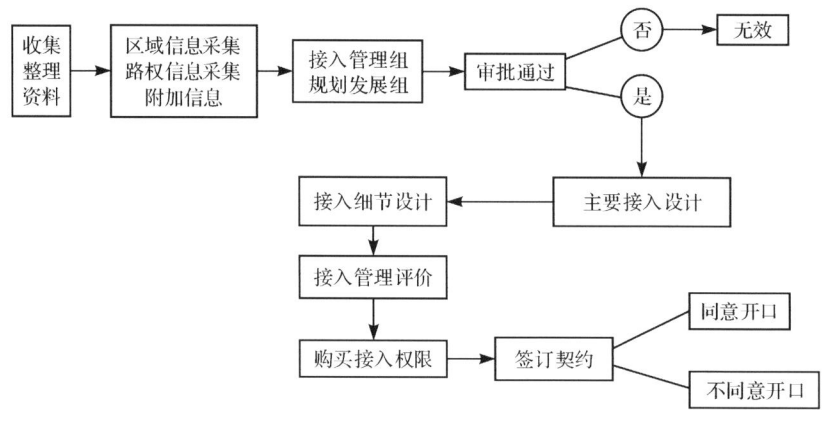

图 2-5　接入审批流程

2.3.3　接入分类在公路设计方面的应用

在公路设计阶段,可以根据道路接入分类体系,由公路的接入等级考虑接入道路(特别是平面交叉口)的设计因素[5]。

(1) 选址设计。影响因素包括道路功能等级及其特征、区域特征、用户特征。

(2) 间距设计。影响因素包括设计车速(各地使用的实际情况不同,可能是使用地点车速或运行速率等)、左转车辆的排队长度、视距等。其中,间距设计又包括接入间距、中间带开口形式及间距、交叉口角净距等。

(3) 信号控制设计或无信号控制设计。

(4) 接入设计。影响因素包括交叉口功能区域的确定、视距的确定(停车视距等)。

(5) 接入道路设计。影响因素包括支路的可视性、指引标志、照明、道路线形、支路运营、接入主路入口道车速等。

(6) 接入道路几何设计。包括回转半径、转弯区域形式、喉区宽度、喉区长度、接入角度、接入点渠化设计等。

(7) 其他设计。包括中间带开口设计、辅助车道设计、临街道路或服务道路设计。

2.4 接入管理分类实例

道路接入管理分类时,考虑的因素主要包括:道路类型、等级和在交通网中的地位。

(1) 高速公路。

只供汽车高速行驶的道路,为城际或省际交通干线。设有双向四车道以上的规模,设有中央分隔带,将对象交通流完全隔开。全线封闭,设有立体交叉口,其他道路必须在规定的一些立体交叉口接入,出入口须采用定向匝道的形式连接。

(2) 城市快速路。

位居城市道路等级顶端,是保证汽车畅通连续地行驶,提高城市内部的运输效率。一般设有中央分隔带,具有双向四车道以上的规模。全部或部分采用立体交叉与控制出入,与相邻地块的接入道路一般以辅道连接。

(3) 一般干线道路。

适用于在中长距离内较高流量交通流的公路,包含的道路等级一般为一、二级,与沿线道路相交一般采用平面交叉的型式,须采用信号控制,要求接入道路不得对主线产生交通安全和运行方面的问题。

(4) 集散道路。

连接干线公路与功能地块之间的交通流,其作用为集中和疏散作用,道路等级一般为二级及以下,与沿线地块的接入采用平面交叉型式,流量较大时须采用信号控制。

(5) 支路。

位于交通网络的末端,主要为生产生活服务的道路,等级较低,一般不作接入限制。

本书选用美国科罗拉多州的接入管理案例,对道路接入管理分类方法及相应接入管理措施进行说明。科罗拉多州的接入管理分类及与本章所述接入分类的对应关系见表 2-7[6]。

表 2-7 科罗拉多州接入分类及其对应关系

接入分类	接入类别特征	设计标准
F-W 州际高速公路	该类别适用于在中长距离内,以高效、安全的服务方式服务高速率和相对高流量的公路,一般为高速公路	(1) 所有对向运行的车流需要进行物理隔离。 (2) 接入道路应当采用定向匝道的形式。 (3) 接入道路的选址与设计需由权威部门及美国联邦政府决定,并符合标准规范,严禁私自接入。 (4) 除了紧急临时接入及项目建设接入,其他所有接入需获得到首席工程师及美国联邦公路管理局的批准。 (5) 此类接入需符合美国联邦法规,并获得美国联邦立交改时,需有工程管理计划 (6) 建造新的立体交叉或对已有立体交叉做重大修改时,需有工程管理计划
E-X 快速路	该类别适用于以高效、安全的方式服务高速率和相对高流量交通流的公路。到相邻地块的直接接入道路一般可连接至辅道	(1) 道路的接入间距一般控制在 1mi*,选择合理的接入点接入。当无法合理的可用接入道路时,才允许使用 0.5mi 接入同距。 (2) 除非无法从合理接入道路到达目的地,禁止私人接入。 (3) 当接入被允许时,如果主线对非对向物理隔离道路,可允许进行左转。同时,需对接入道路制定以下标准:①当到达其他较低功能性连接通道存在时,该接入道路应当关闭;②接入许可证上应说明该接入道路未来关闭的日期及可用接入道路的位置。 (4) 专用转弯车道的设置需满足以下标准:①当左转流量达到 10pcu/h 时,就需要设置专用左转车道。②当右转流量达到 10pcu/h 时,需要设置专用右转车道。③如果设置左转加速车道将对主线运行安全及运行有利时,可设置左转加速车道;主线电点安全及加速车辆对其他车辆对其他车流造成影响。 (5) 新建地块新的接入应由现有接入道路延伸,或通过接入道路许可程序建立新的接入。 (6) 相交道路等级相同时,如果采用平面交叉方式,需要设置信号灯;需要利用交通量、通行能力、服务水平的因素来分析设置信号灯前后的对比

第 2 章 道路功能分类及接入分类

续表

接入分类	接入类别特征	设计标准
R-A 地区公路（农村）	该类别适用于在中长距离内、以高效、安全的方式服务于中等到高速及相对中等到较高流量交通流的公路，到相邻地块的直接接入道路一般可连接至辅道。通常为农村地区的国道或其他重要道路	(1) 如果无法从当地道路系统获得合理渠道（不会对主线运行及安全等造成严重影响）进出该公路，可以由地方当局批准接入申请。从地方道路系统获得的接入是否合理，需要从地方道路系统的容量、功能、运营、安全及可能被改善的情况进行考虑。 (2) 所有相交道路或其他接入道路的标准间距为 0.5mi，除非有书面说明设有合适的接入道路，且需要有被提议接入地点的必要性说明文件。 (3) 到相邻交叉口的间距需要满足建成后第 20 年的左转车排队长度。 (4) 接入选址也需要满足其他规范的要求。 (5) 在选择接入地点时，应优先考虑那些在未来可能允许被设置信号灯的公共道路作为接入道路。 (6) 如果主线已设置中央分隔带，且道路接入后为无信号交叉口，则禁止中央分隔带的穿越式，也要确定接入道路左转车流不会产生严重负面影响；如果中央分隔单向 1mi 以上的终行，或者需要进行渠化设置，才能允许左转。 (7) 专用转弯车道需要按照以下标准设置：①当左转流量达到高峰小时 25pcu/h 时，需要设置专用左转车道；②当右转流量达到高峰小时 10pcu/h，且右转速度达到 40mi/h，则需要设置专用右转车道；③当主路地点车速大于 50pcu/h 时，需要设置右转加速车道；④如果设置左转加速车道将会对主线安全及运行有利时，可设置左转加速车道，以下情况之一无需设置左转加速车道，即主线地点车速小于 45mi/h，该交叉口为信号交叉口，左转加速车辆对其他车流造成影响。 (8) 新建接入应由现有接入道路延伸，或通过接入许可程序建立新的接入。 (9) 等级内临街道路、任何一条农村公路或新指定的国道，直到专门分配一个接入类别前，都归类为 R-A 接入类别

续表

接入分类	接入类别特征	设计标准
R-B 农村公路	该类别适用于中等到较高车速、较低流量的次干道，一般服务于农村当地的出行需求，包括农村集镇路段	(1) 当有接入需求时都给予接入，除非该接入对交通有严重影响。 (2) 只要接入道路满足视距要求，都可不限制转弯，且不应存在中央分隔带；只有在右转等会造成严重拥堵或安全同题时才进行限制。 (3) 如果主线本身已存在物理隔离的中央分隔带，而中央分隔带开口对车流运行和安全不会有任何益处，且会违背中央隔离原本的目的时，禁止开口。 (4) 如果地块出行发生量较大，或为了保持良好的交通运行以及满足土地利用的需要，可以批准额外的接入需求，除非有关部门认为接入会引起严重的交通和安全问题，或不满足可接受的最低设计标准。 (5) 专用转弯车道需要按照以下标准设置：①当左转弯流量达到高峰小时10pcu/h时，需要设置专用左转车道；②当右转流量达到高峰小时25pcu/h时，需要设置专用右转车道；③当主线地点车速大于45mi/h，接入道路右转流量超过高峰小时50pcu/h，且主路只有一条直行车道时，需设置右转加速车道
NR-A 地区公路（非农村）	该类别适用于在中长距离内，以高效、安全的方式服务于中等到高速以及相对中等到较高流量交通流的公路，它可以满足城市或郊区的跨组区域内、城际及市内出行需求。此类接入一般可作为小城镇的交通性主干道使用，一般为国道或省道服务	(1) 如果无法从当地道路系统获得的渠道建合理的容量、功能、运营、安全及可能改善的情况进行考虑。 (2) 如果一条接入道路不能提高接入道路系统的运行及安全性，则不应该被直接合法。 (3) 所有接入道路及其他接入道路的标准间距是0.5mi，除非没有合适安全效果，或需要受依靠额外的信号灯实现，否则不允许有例外。申请安装信号灯需实有需求证明：①没有合理方法可以实现该接入道路可以不使用信号灯实现可行性研究已经完成。 (4) 公众对于在该地点接入确实有需求；②对安装信号灯的可行性研究已经完成。 (5) 在T形交叉口的间距应需要满足建成后第20年的左转车排队长度。 (5) 在T形交叉口，如果左转可以提高临近的十字交叉口的安全效果，且不会对交通产生影响，则可以允许左转，从地方道路系统获得的接入申请，可由地方当局批准接入公路，安全及可能改善的情况进行考虑。 (6) 额外的右进右出接入可在以下情况时被允许：①能提供右转加速车道，或可以减轻当地交通系统的拥堵影响；②可以减轻当地交通系统的拥堵状况； ③不影响主通行与安全。 (7) 专用转弯车道按照以下标准设置：①当左转流量达到高峰小时10pcu/h时，需要设置专用左转车道。②当右转流量达到高峰小时50pcu/h时，需要设置专用右转车道。③需设置右转加速车道，除非右转加速车道。④当主线为单向3车道以上时，不设置右转加减速车道。⑤在农村地区，主路地点车速大于40mi/h，且右转流量达到高峰小时50pcu/h，需设置右转加速车道。 (8) 在农村地区接入道路应出现临时接入道路延伸，或通过象大许可程序建立新的接入。 (9) 新建地块内临街道路，任何一条非农村公路或新规定的国道，直到专门分配一个接入类别前，都归类为NR-A接入类别

第 2 章 道路功能分类及接入分类

续表

接入分类	接入类别特征	设计标准
NR-B 干线公路（非农村）	该类别适用于在中短距离内、服务于中等车速以及相对中等到较高流量交通流的公路，它可以满足城际、市内及区内出行需求。此类接入一般为国道或省道侧路，而是为了服务于临街商业的发展，因此允许有较多的直接接入开口	(1) 只要接入道路不产生交通安全和运行方面的问题，即可允许接入。 (2) 一般的接入为右进右出形式；在丁形交叉口，如果左转可以提高临近的十字交叉口的运行和安全效果，且不会对交通产生影响，则可以允许左转。 (3) 达到一定设计标准的十字交叉口间距应该控制在 0.5mi 以上。 (4) 如果需要设置信号灯，需满足：①没有合理方法可以不使用信号灯实现该间距要求；②公众对于在该地点接入确实有需求；③对安装信号灯的可行性研究已经完成。 (5) 当主线有辅道时，可允许提供额外的右进右出。 (6) 专用车道设置要求：①需要设置专用左转车道的情况为，左转达到高峰小时 25pcu/h；左转流量达到高峰小时 10pcu/h，且地点车速大于 40mi/h。②需要设置专用右转车道的情况为，右转流量达到高峰小时 50pcu/h；右转流量达到高峰小时 25pcu/h，且地点车速大于 40mi/h。
NR-C 干线公路（非农村）	该类别适用于在中短距离内、服务于中低车速以及相对中低到中等车流量交通流的公路，它可以满足市内及区内出行需求。此类接入一般服务于临街建筑很多的市区	(1) 只要接入道路不产生严重的交通安全和运行方面的问题，即可允许接入；接入一般设置为十字形交叉口，除非有中央物理隔离，或穿越主线会引起交通安全问题。 (2) 需要设置专用左转车道的情况为，左转达到高峰小时 25pcu/h；左转流量达到高峰小时 10pcu/h，且地点车速大于 40mi/h。②需要设置专用右转车道的情况为，右转流量达到高峰小时 50pcu/h；右转流量达到高峰时，即 25pcu/h，且地点车速大于 40mi/h。 (3) 对于私人住宅，如果可以连接到等级更低的道路，则禁止直接接入

续表

接入分类	接入类别特征	设计标准
F-R 临街道路	该类别只适用于临街道路或支路,不服务长距离出行。可适用于速率较高的农村集镇路段	(1) 只要接入道路不产生严重交通安全和运行方面的问题,或穿越主线会引起通行及安全问题。物理隔离,即可允许接入;接入一般设置为十字形交叉口,除非有中央 (2) 专用车道设置条件:①需要设置专用左转车道的情况为,左转流量达到高峰小时 25pcu/h,且地点车速大于 40mi/h。②需要设置专用右转车道的情况为,右转流量达到高峰小时 50pcu/h;右转流量达到高峰小时 10pcu/h,且地点车速大于 25pcu/h,且地点车速大于 40mi/h。 (3) 当主路地点车速大于 45mi/h,且主路只有一条直行车道时,需设置右转加速车道。 (4) 如果该临街道路的一头直接连接私人地块或公共道路,则无需设置专用车道

* 1mi=1.609344km,下同。

参 考 文 献

[1] Committee on Access Management. Access Management Manual[M]. Washington DC: Transportation Research Board, 2003.
[2] Lu J, Pan F Q, Xiang Q J, et al. Level of safety service for safety performance evaluation of highway intersection[J]. Transportation Research Record, 2008, 2075: 23, 24.
[3] McShane W. Access Management and the Relation to Highway Capacity and Level of Service [R]. Florida Department of Transportation, 1996.
[4] Philip Demosthenes. History of Access Management[C]//International Right-of Way Association Conference, Albuquerque, 1999.
[5] 陆键,张国强,项乔君,等. 公路平面交叉口交通安全设计理论与方法[M]. 北京:科学出版社,2009.
[6] State Highway Access Code-State of Colorado[R]. Code of Colorado Regulations, 2002.

第 3 章　土地开发与道路接入

3.1　土地开发与交通的关系

在交通发展的进程中,伴随着城市交通问题的日益严重,人们逐渐意识到交通与土地利用的关系,意识到交通需求应顺应土地开发利用的发展需要。后来,Mitchen 和 Rapkin 取得第一次真正的概念性的突破,提出交通需求不能一味地顺应土地利用的发展,交通需求也影响着土地利用的发展,交通对土地利用有反馈作用,必须进行土地利用和交通一体化研究。毋庸置疑,土地与交通既是不可割裂的空间要素,也是不可分割的经济过程。图 3-1 所示为土地开发与交通系统的互动关系,土地开发与交通协调发展的本质就是实现两者之间的供需均衡或使之接近均衡状态。在两者关系中,供需双方始终处于相互反馈、此消彼长的动态变化中,均衡既不是静态也不是常态,而是以土地开发与交通协调发展为目标的动态均衡[1]。

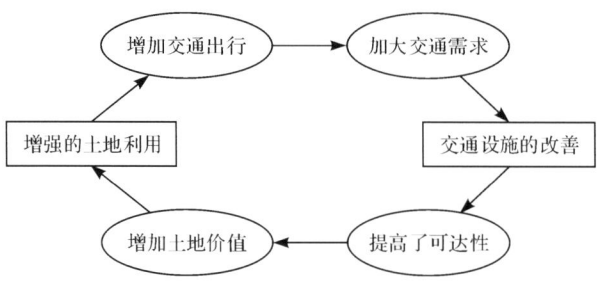

图 3-1　土地开发与交通系统的互动关系

基于土地开发利用与交通系统相互作用的关系,干线公路的接入管理与土地开发利用也存在着相辅相成的关系。目前,公路管理中最困难的问题在于要协调好公路的两个功能:机动性(mobility)和可达性(accessibility)。过分注重干线公路的机动性,可能导致干线公路两侧没有足够的接入口,进而抑制干线两侧的土地开发利用和经济发展。相反,如果过分注重干线公路的可达性、接入口过多,可能导致交通事故和延误的增加,引发交通拥堵。根据美国联邦公路管理局的规定:接入管理既要为干线两侧土地的发展提供接入,同时也要考虑到主线交通流的通行能力、速率和安全等问题。其既要为过境交通提供良好的机动性,又要满足沿线土地合理的接入需求。

有效的接入管理可以促进干线公路系统的形成,使干线公路具有更好的机动性功能。干线的交通流增大、交通安全得到提升以后,会为沿线两侧的土地利用带来良好的发展环境,进而促进沿线两侧用地的发展。美国爱荷华州的研究表明,在接入管理实施几年以后,干线两侧的商业会得到健康快速发展,进而土地利用性质也得到改变。同时,干线公路的接入管理必须以当前的土地分类及布局形式为依据。针对不同的土地利用分类及布局,确定不同的接入管理方法,如接入间距、接入道路等级、接入口管理方式等。

因此,在接入管理实施过程中,要将土地开发利用与接入管理有效结合起来,使两者协调发展。将接入管理与土地利用有效地结合起来并成功应用到实践中去,将会对土地利用的长期发展、干线交通系统的发展、干线交通安全产生积极的作用,并将因此而带来间接收益。

3.2 土地利用分类与接入管理

3.2.1 土地利用分类

根据我国2012年1月1日起实施的国家标准《城市用地分类与规划建设用地标准》(GB 50137—2011),城市建设用地分为八大类35中类43小类,表3-1所示为城市建设用地的八大类,详细情况参见《城市用地分类与规划建设用地标准》(GB 50137—2011)。图3-2给出了12类土地用途在某区域的布置情况示例。

表3-1 我国用地分类

代码	用地名称	内容	说明
R	居住用地	住宅和相应服务设施的用地	根据内部设施、环境等状况分为一、二、三类居住用地,每类居住用地又分为住宅用地和服务设施用地
A	公共管理与公共服务用地	行政、文化、教育、体育、卫生等机构和设施的用地,不包括居住用地中的服务设施用地	分为行政办公用地、文化设施用地、教育科研用地、体育用地、医疗卫生用地、社会福利设施用地、文物古迹用地、外事用地、宗教设施用地共九类
B	商业服务业设施用地	商业、商务、娱乐康体等设施用地,不包括居住用地中的服务设施用地	分为商业设施用地、商务设施用地、娱乐康体设施用地、公用设施营业网点用地、其他服务设施用地共五类
M	工业用地	工矿企业的生产车间、库房及其附属设施用地,包括专用铁路、码头和附属道路、停车场等用地,不包括露天矿用地	根据对居住和公共环境的干扰、污染程度和安全隐患分为一、二、三类工业用地

续表

代码	用地名称	内容	说明
W	物流仓储用地	物资储备、中转、配送等用地,包括附属道路、停车场以及货运公司车队的站场等用地	根据对居住和公共环境的干扰、污染程度和安全隐患分为一、二、三类物流仓储用地
S	道路与交通设施用地	城市道路、交通设施等用地,不包括居住用地、工业用地等内部的道路、停车场等用地	分为城市道路用地、城市轨道交通用地、交通枢纽用地、交通场站用地、其他交通设施用地共五类
U	公用设施用地	供应、环境、安全等设施用地	分为供应设施用地、环境设施用地、安全设施用地、其他设施用地共四类
G	绿地与广场用地	公园绿地、防护用地、广场等公共开放空间用地	分为公园绿地、防护绿地、广场用地共三类

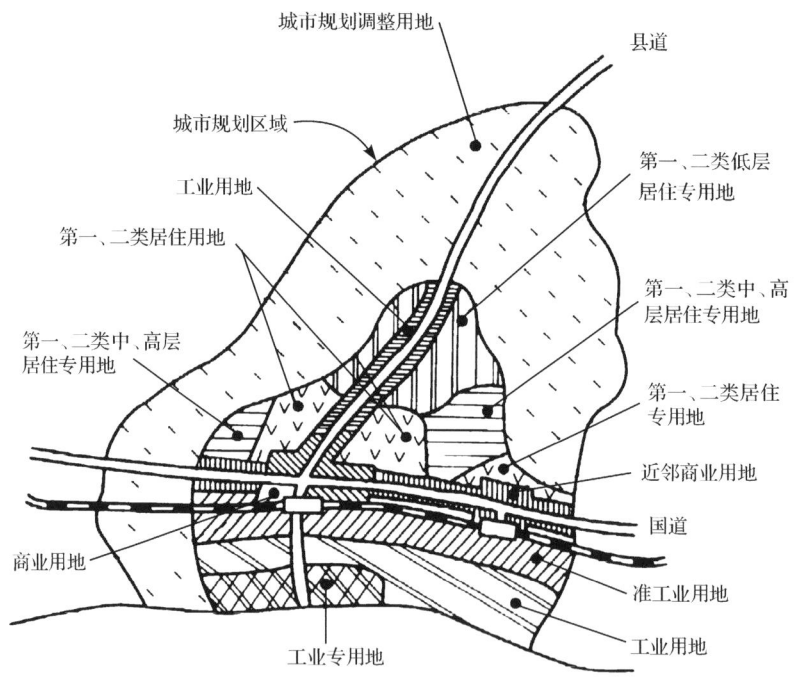

图 3-2 不同土地用途在某区域的布置情况

3.2.2 不同类型土地的接入管理

土地开发与交通系统存在着互动关系。土地利用类型和规模是影响居民出行的主要因素之一,不同土地利用类型在一定程度上决定了交通出行生成(trip generation)。交通出行生成包括出行发生和出行吸引两个方面,每种类型的土地都对出行有所发生和吸引。但是由于土地利用类型和土地开发强度不同,使得不同的土地会引起不同的出行发生吸引量。美国 *Trip Generation Manual* 一书中,针对不同类型的土地分别提供所产生的出行生成率(trip generation rate)[2,3]。

此外,不同土地利用类型所产生的交通出行特征也会有所不同。由于不同类型的土地在人口密度、居住与就业岗位分布、土地功能、所处区位等方面存在较大差异,使不同用地所产生或吸引的交通特征有所不同。正是因为这些出行发生吸引量及交通特征不同,在实施接入管理时,必须针对不同类型的用地采取相应的接入管理措施。下面对《城市用地分类与规划建设用地标准》(GB 50137—2011)中八大类土地进行分析。

1. 居住用地

居住用地主要是为居民提供居住的住宅及相应服务设施的用地。居住用地是大部分出行的起点,是典型的交通出行产生量巨大的用地类型,其出行生成率较高。居民出行的主要目的包括上班、上学、购物、回程等。根据居民的作息情况,每个工作日居民出行都会出现明显的早晚高峰,早高峰主要是出行产生,晚高峰主要是出行吸引。

居住用地人口密度较大、汽车拥有量大,高峰时段车流和人流较为集中、机动车与非机动车混杂、潮汐性交通明显、交通组织困难。因此,在进行居住用地接入管理时,应对行人流、机动车流、非机动车流分别进行分析,需充分考虑接入间距的选择、接入口的交通组织、弱势群体安全保障等。

2. 公共管理与公共服务用地

公共管理与公共服务用地主要是指行政、文化、教育、体育、卫生等机构和设施的用地。该类型用地就业岗位多,一般是出行的目的地,是出行吸引点之一。居民出行的目的主要是上班、上学、文体、公务等,在工作日居民出行具有明显的早晚高峰,早高峰主要是出行吸引,晚高峰主要是出行生成。

该类用地附近的交通特征与居住用地相似,高峰时段车流和人流较为集中、潮汐性交通明显、交通组织困难。其中,教育科研用地是主要学校和教育科研单位所在地,学生流突出。因此,在进行该类用地的接入管理时,应对行人流、机动车流、非机动车流分别分析,着重考虑弱势群体(特别是中小学生)的安全保障措施、接入口的交通组织等。

3. 商业服务业设施用地

商业服务业设施用地主要包括商业、商务、娱乐康体等设施用地。该类用地也是出行吸引点之一,与第二类用地不同的是该类用地产生的出行吸引主要集中在周末或节假日期间。居民出行的目的主要是购物、娱乐、公务等。

该类用地大多较为集中在干线公路两侧,其存在的主要问题是对干线公路的开口过多,严重影响干线公路的过境交通。因此,在进行接入管理时,应控制该类用地直接开口接入干线公路上,减少接入点数量,降低接入点对干线公路的干扰,适度增加集散公路或辅路负担。

4. 工业用地

工业用地主要是指工矿企业的生产车间、库房及其附属设施用地,包括专用铁路、码头和附属道路、停车场等用地。由于其独特的用地功能,该类用地既是出行的发生点又是出行的吸引点。工业用地对车流的吸引发生、原材料的运入和成品的运出均产生大量的交通流。

工业企业为了降低其运输成本,大多将厂址选在干线公路两侧。这样就使用地过度集中,导致干线公路开口过多,影响干线公路的过境交通。另外,该类用地附近主要集中的是大型货车流,交通流中大型车所占比例较高,在进行接入管理时需予以考虑。因此,对该类型土地进行接入管理时,应控制该类用地直接开口接入干线公路上,减少接入点数量,降低接入点对干线公路的干扰,适度增加集散公路或辅路负担。另外,因大型车比例过高,应在接入口设计、接入组织及接入口渠化设计等方面予以重点考虑。

5. 物流仓储用地

物流仓储用地主要是指物资储备、中转、配送等用地,包括附属道路、停车场以及货运公司车队的站场等用地。该类用地功能比较明确,专门服务于物流和仓储。与工业用地一样,该类用地对车流的吸引发生量均较大,而且车流大多是配送物资的大型货车。

该类用地与工业用地的特征相似,物流企业为了降低其物流成本大多将仓库厂房选在干线公路两侧,并且交通流中大型货车比例较高。因此,在进行接入管理时,应着重考虑接入间距的选择、接入点的合并、接入口的设计、接入口的交通组织等。

6. 道路与交通设施用地

道路与交通设施用地主要包括城市道路、交通设施等用地,不包括居住用地、工业用地等内部的道路、停车场等用地。该类用地中除社会停车场用地外,其余用地均是承载交通的用地,不存在出行生成和吸引。社会停车场(包括公共停车场和停车库)是为区域停车提供的场所,在其服务范围内,对交通流存在一定的吸引性。

该类用地中的社会停车场用地应是研究的重点,由于社会停车场的服务对象一般是社会车辆,其服务范围较广,进出停车场的车流量较大。因此,针对社会停车场用地进行接入管理时,应注意接入选位与停车场出入口的间距问题,以及停车场出入口的交通组织等。

7. 公用设施用地

公用设施用地主要包括供应、环境、安全等设施用地。该类用地对出行产生和吸引量较低,交通流无明显特征。

8. 绿地与广场用地

绿地与广场用地主要包括公园绿地、防护用地、广场等公共开放空间用地。该类用地是居民出行的吸引点之一,在周末或节假日会吸引较多的出行。该类用地主要供居民游憩、娱乐、集会,在该类用地附近,行人流和非机动车流较多。

该类用地附近行人流和非机动车流较多,在进行接入管理时,应着重对辅助道路和集散道路进行设置,避免该类用地直接接入干线,影响干线交通。同时,应保障弱势群体的通勤空间和安全防护。

3.2.3 干线公路两侧的土地开发

由于中国的文化传统和对道路空间价值与意义的不同理解,形成中国特色的沿路生活习惯,即路边设市、市要沿街。现在许多城市中,沿干线公路两侧开发建设似乎是极自然的事。越是交通繁忙的主要干路,越要在两侧用地上高密度开发,建设大量的建筑,特别是商业性建筑,并且出入口直接通往干线公路,甚至认为干线不为两侧建筑服务是种浪费[4,5]。

究其原因,中国正处于经济高速发展时期,部分政府主管部门对经济发展效应过度热衷,人为集中交通,超前开发土地,造成土地利用与接入管理不能协调发展,产生激烈的矛盾。干线公路沿线区域的商业服务业设施用地常是集贸市场、批发零售最为密集的地区,每日进出该区域和在区域内活动的交通量很大,而与此同时,为了提高集贸市场的可达性,在该区域布设高等级公路,或提升公路等级,在沿线开口提高可达性的同时降低这些公路的通行能力,短途与长途交通、通过性与生活性交通混行现象严重,造成路段车速严重下降,交通环境恶化,并割裂公路两侧用地之间的正常联系。

鉴于当前中国干线公路所面临的问题,在土地开发和接入管理中应考虑如下原则。

1. 限制干线公路两侧的用地性质和规模

适当沿干线公路两侧设置辅路和有限的接入开口，实现车流从机动性高向低、可达性低到高的转变和缓冲，既有利于主路车辆行驶，又实现了部分可达性要求较高的出行。但辅路占用大量土地是其致命缺陷，同时存在辅路行驶车流对非机动车的影响，以及由于辅路与主路接入点的数量有限与大量驶入驶出车流之间的矛盾引发开口处拥堵的问题。因此，设置辅路只是权宜之计，要想治本仍然要从减少干线公路两侧直接接入的商业服务业设施用地、工业用地等着手。

干线公路承担的机动性出行功能应明显多于可达性功能，应当限制在干线公路两侧设置大型商业用地和设施出入口，严格控制道路开口数量，避免吸引大量可达性需求高的客货流。从长远角度来看，必须降低主干路两侧的用地开发强度，减少公共设施用地规模，正确认识"通"与"达"的辩证关系，保证干线公路速度快、通行能力大的优势。

2. 开发集散公路、地方公路两侧用地

集散公路、地方公路两侧的土地开发不充分是公路资源闲置较多的根本原因。因此，必须改变土地开发利用的思路。支路两侧的土地不应看成是最不重要、最没有开发价值的土地，国外很多商业用地都分布在支路两侧，很好地贯彻了大型公共建筑不宜设在主干路两侧的思想。从低等级道路具有的灵活的可达性、低等级道路较少的噪声和空气污染、低等级道路两侧较少的土地利用费用来着手，提高低等级道路两侧用地的吸引力，在低等级道路上设置各类建筑物出入口。

3.3 接入控制

3.3.1 干线区域交通流

干线公路沿线区域可以看成是一个放大的节点，可以按照微观交通组织的思路进行区域交通流导入。与宏观交通组织不同的是，微观交通组织的重点是在时间上错峰、空间上隔离，重在不同车型种类、不同流向交通流的冲突分离；而区域性交通流导入解决的是路网中局部范围的交通流引导，其重点是在区域内部建立合理的路径循环机制，使不同出行目的的交通流选择路径时遵循地方公路—集散公路—干线公路的逐级功能转换模式。区域间交通以空间流量上的控密补稀为主，重在解决路网交通负荷均衡。

从交通流构成看，干线公路沿线区域有内部生成流量、外部过境流量和到达流量，这是区域内的交通需求。从路网结构上看，有过境干线公路、内部集散公路及地方公路,这是区域内的交通供给。干线区域路网结构不合理,会造成区域内交通压力分布不均匀;而交通供需矛盾倒置,又会造成区域内交通压力升高。一方面,需要调整路网结构,均衡交通压力的空间分布;另一方面,需要重新整合交通流,对不合理接入进行时间、空间控制,调整不适当的接入,以提高区域内整体交通安全。

不同的土地利用类型及布局一定程度上决定了交通流的构成、流量和流向。不同的土地利用类型决定交通流的发生、吸引情况,进而会引导交通流的流量及流向。良好的用地类型及布局会影响居民出行的规律性和有序性,会使交通流均匀且有序地分布在路网上,如土地的混合使用、基于以公共交通为导向(transit-oriented-development,TOD)的土地开发模式等。不良的用地类型和布局则会引发交通流在时间、空间上分布的不均匀性,会使交通流过度集中,进而导致部分路网压力过大,引发交通拥堵。

3.3.2 交通流接入原则

1. 降低接入点对干线公路的干扰

干线公路承担着跨区间长距离的机动车交通,主要提供机动性的交通功能,必须保证干线上过境交通的畅通无阻。干线公路两侧的接入点设置不合理就会导致过境车辆无法按正常的路段运行速度行驶,降低干线公路的通行能力和车辆的运行效率,进而影响干线公路车辆运行的安全。

集散公路以汇集和疏散车流为目标,将干线公路和地方道路连接起来,为机动性和可达性的转换提供过渡。由于中国干线公路沿线用地开发强度较大,干线公路两侧的接入需求也非常大,这就造成干线公路的接入紧张。为了限制干线公路两侧接入口的数量,必须采用集散道路进行疏导过渡。

辅助道路是与建筑物直接相连的道路,它将不同建筑物与集散公路联系起来,为了满足道路两侧接入需求而设。对于干线公路两侧的用地,不应允许其在干线公路上随意开口,应当通过辅助道路连接到支路,再连接至干线公路,从而保证干线畅通,即建筑物→辅助道路→集散道路→干线公路。图3-3为美国佛罗里达州某干线公路一侧接入道路示意图,从图中可以看出,各住宅均未直接接入干线公路,而是接入干线公路南侧的辅助道路,辅助道路与集散道路相连,集散道路最终接入干线公路。各公路职能清晰,车流完成从住宅→辅助道路→集散道路→干线公路的接入过程。

我国干线公路两侧以商业服务业设施用地、工业用地、物流仓储用地为主,这些商业建筑、工厂等由于车流量较大、大型车辆比例较高等,如果直接接入干线公路会严重影响干线公路车流的畅通运行。因此,在对这些用地进行接入管理时,

图 3-3 某干线公路一侧接入道路示意图

应充分考虑该接入原则。

2. 设置合理的接入间距

接入间距是指较低等级道路接入干线公路形成的接入口之间的距离。在进行接入管理时,应严格控制接入间距和单位距离内接入点的数量。干线公路两侧如果接入间距过小或单位距离内接入点过多,不仅将产生冲突重叠区影响视距和交通安全,而且将影响过境交通的运行速度和通行能力。

图 3-4 所示为某个区域接入管理前后效果对比。该区域在未进行接入管理时,各个建筑物均开口接入干线公路,导致接入间距过小。在进行接入管理后,对各建筑的接入进行有效管理,将干线公路的接入点减少至两个,减少了交通事故的发生,改善了交通安全。

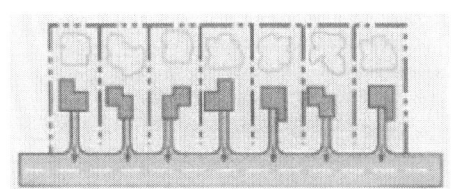 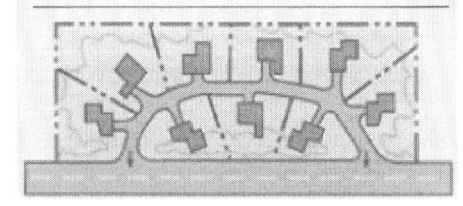

(a) 未进行接入管理　　　　　　　　(b) 进行接入管理

图 3-4 合并接入点前后效果对比

我国干线公路两侧用地集中、土地开发强度大。为了吸引客源、降低运输成本,公路两侧的商业服务业设施用地、工业用地、物流仓储多集中于某一固定区域,导致该区域内接入点数量过多、接入间距过小,容易造成安全隐患。因此,在对这些区域进行接入管理时,除应考虑接入点对干线公路的干扰外,还应考虑接入间距和接入点数量的问题。

3. 适当的相交公路接入级别

在公路功能性划分的基础上,设定相交公路的接入级别。为保证各个等级道路的功能得以实现,使交通流能够有序地从地方道路逐步连接到干线公路,适当的相交公路接入级别是必须要考虑的。功能等级相差较多的公路应限制相交,如干线公路与地方支路;功能等级相差不大的公路也应对等级低的公路予以相应的限制,如干线公路与集散道路、必须保证各个接入的集散道路之间的距离不低于最小接入间距等。

4. 减少接入点的交通冲突

交通冲突是两个或两个以上的道路使用者,其中一方采取非正常行为,如转换方向、改变车速、突然停车、交通违章等,除非另一方也采取避让行为,否则会处于危险境地。在对干线公路进行接入管理时,减少接入点的交通冲突是主要目的之一。减少交通冲突能有效预防交通拥堵和交通事故的发生,保障交通安全。减少交通冲突可以通过限制冲突点的个数、分离冲突点(不能被消除的话)、对驶出干线公路的车辆实行分流等方法实现。此外,良好的土地利用规划、完善的交通法律法规、合理的中央分隔带和左右转车道等都可以减少交通冲突的发生。图 3-5 为美国某条干线公路的示意图,从图中可以看出,中央分隔带及左右转车道的设置情况。

图 3-5 干线公路接入冲突控制

参 考 文 献

[1] 刘欣.北京市土地与交通协调发展规划实施研究[J].城市交通,2008,6(5):11—14.

[2] 陆键,张国强,项乔君,等.公路平面交叉口交通安全设计指南[M].北京:科学出版社,2009.
[3] 陆键,张国强,项乔君,等.公路平面交叉口交通安全设计理论与方法[M].北京:科学出版社,2009.
[4] 王运霞,邱红桐,顾金刚,等.城市建设项目交通影响评价方法研究[J].智能交通,2011,2:94—97.
[5] 薛金刚.城市土地开发交通影响评价方法研究[D].北京:北京工业大学硕士学位论文,2005.

第 4 章 道路接入间距

在道路上每接入一条支路就会给主路交通流带来更多的交通冲突和交通影响。这无疑会产生更多的交通事故和更长时间的延误。为了解决这类问题,接入管理技术构建交叉口最小间距的概念,并且建立各类道路的接入标准,以便在工程实践中限制和规范主要道路两侧的支路接入密度[1]。

4.1 平面交叉口间距划分模式

由于不同接入道路形成的交叉口的重要性不同,其间距要求也存在明显差异。考虑平面交叉口控制类型后,对平面交叉口基本定义进行拓展。

(1) 接入口。干线型或集散型道路与地方道路平面相交形成的无信号控制的平面交叉口。

(2) 交叉口。①干线型或集散型道路之间平面相交形成的平面交叉口;②采取信号控制的接入口。

上述两种平面交叉口类型划分方式,能描述道路网中所有类型的平面交叉口。根据平面交叉口的定义即可对平面交叉口间距模式进行划分。由于平面交叉口分为接入口与交叉口两种类型,因此,这两种类型平面交叉口可以组合形成以下三种间距模式:①交叉口间距(A 类)。交叉口与交叉口之间的距离。②接入间距(B 类)。接入口与接入口之间的距离。③交叉口角净距(C 类)。交叉口与接入口之间的距离。平面交叉口间距模式划分流程如图 4-1 所示。

在道路网中需谨慎界定哪些是交叉口,哪些是接入口。从具体操作层面来看,界定时需首先确定路段功能等级,而后沿路段逐个考核与之相交的道路的功能等级及平面交叉口控制方式,从而根据上述流程确定平面交叉口类型。因此,平面交叉口间距标准与其所在道路的功能等级是密切相关的。不同接入类别的道路,其平面交叉口间距标准存在显著差异[2]。

4.1.1 交叉口间距

对于交叉口间距而言,由于存在不同的控制方式,两相邻交叉口的间距模式有以下三种:①信号交叉口-信号交叉口;②信号交叉口-无信号交叉口;③无信号交叉口-无信号交叉口。

对于无信号交叉口而言,即使其规模较大,车辆通过时速度也明显大于信号

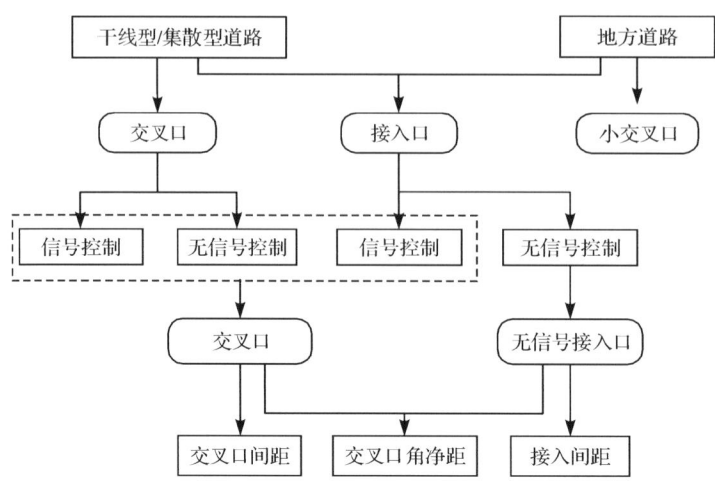

图 4-1 平面交叉口间距模式划分流程

交叉口;无信号交叉口对交通流运营产生的负面影响远没有信号交叉口显著;此外,考虑到道路远期发展,当交通量达到一定规模时,无信号控制交叉口需升级为信号控制交叉口。因此,可以认为两相邻信号交叉口间距是以上三种交叉口间距中距离要求最高的模式。

两交叉口之间可能存在若干条地方道路的接入,因此交叉口间距需大于路段内多个接入间距与角净距之和。当间距低于标准时,应根据交叉口间地方道路的接入情况对交叉口间距进行适当调整。

从道路网功能等级配置的合理性角度考虑,实际应用中多条功能等级较高的道路(干线型、集散型)紧邻的情况较少,因此,交叉间距在实际路网中主要代表信号化接入口之间的距离,但其结果作为交叉口间最小距离同样具有说服力。

4.1.2 接入间距

根据道路功能等级分类标准,地方道路通常是一些连接居民生活性道路、村镇、厂矿、工商业出入口的道路。当其与功能等级较高的道路相交,就形成接入口。两无信号控制接入口之间的距离为接入间距。根据接入口类型(十字形、T形),接入间距可分为两种形式,如图 4-2 所示。A 类为错位接入间距,B 类为常规接入间距。当错位接入间距过小时,形成错位交叉口,这对道路交通安全极为不利,因此实际应用中应尽可能避免使用。

事实上,当主线道路具有全封闭中间带或接入口交通规则只允许右进右出时,可以不考虑错位接入间距。在各种情况下,常规接入间距形式应用范围最广。在研究接入间距时,以常规接入间距为主,其研究结果适用于错位接入间距形式。

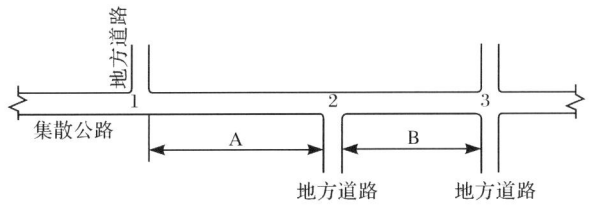

图 4-2 接入间距形式划分

对于接入间距,根据接入分类标准,分别对各接入类别道路上的接入间距进行分析。

4.1.3 交叉口角净距

交叉口角净距是指交叉口与无信号控制接入口之间的距离,根据接入道路的具体位置可以分为两种:交叉口上游角净距和交叉口下游角净距,如图 4-3 所示。需要说明的是,在交叉口处相交的两条道路,根据功能等级的不同,其交叉口角净距的要求也应不同。

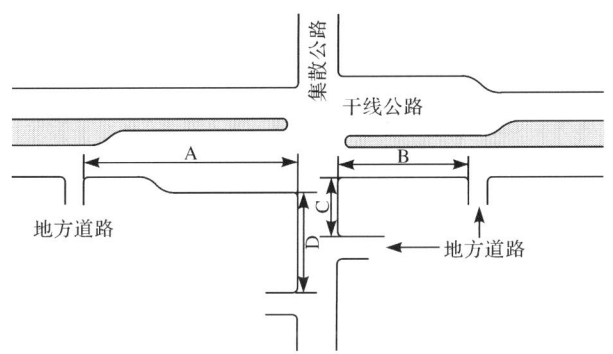

图 4-3 交叉口角净距示意图

4.2 交叉口功能区

传统交叉口范围一般是以各进口道停车线为边界组成的区域,可称为交叉口物理区域(physical intersection area)。交叉口功能区(functional intersection area)由交叉口物理区及其交叉道路的上、下游延伸段组成,如图 4-4 所示。

从维护道路功能角度出发,维护交叉口功能区的完整性是制定交叉口间距的最基本原则。交叉口功能区的确定对交叉口本身的交通运行机动性和安全性有着重要意义。机动车进入交叉口要进行一系列复杂的操作:反应、减速、排队等

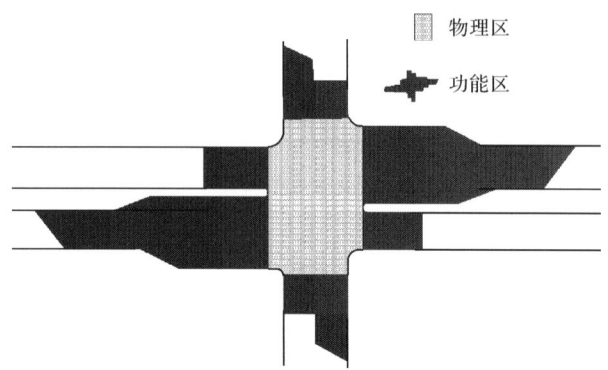

图 4-4 交叉口物理区与功能区的比较示意图

待、转向或穿越、加速等,而交叉口功能区是实施该系列复杂操作的面积范围,或者是交叉口对其相交道路的影响区域范围。

根据车辆在交叉口的驶入和驶出方向,交叉口功能区可分为上游功能区和下游功能区。驶入车辆受到影响的区域位于交叉口的上游,称为交叉口上游功能区;驶出车辆受到影响的区域位于交叉口的下游,称为交叉口下游功能区。交叉口功能区范围的界定就是确定上、下游功能区的长度。

4.2.1 交叉口上游功能区

交叉口上游功能区通常由三部分组成,即驾驶员的感知-反应时间内行驶的距离 d_1、车辆减速和侧向移动的行驶距离 d_2、车辆的最大排队长度 d_3。交叉口功能区上游长度 $d_{上游} = d_1 + d_2 + d_3$(图 4-5)。

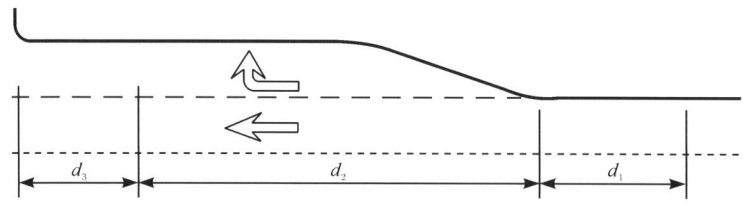

图 4-5 交叉口上游功能区的组成

4.2.2 交叉口下游功能区

交叉口下游功能区是交叉口功能区的下游部分,是从人行横道向下游的延伸部分,也是车辆驶离交叉口物理区域后需要进行管理控制的部分。交叉口下游功能区的长度应保证通过交叉口的车辆在遇到来自下游交叉口的交通冲突时能安全停车。因此,可以由安全停车距离来决定交叉口下游功能区长度,计算公式如下：

$$d_{下游} = \frac{v}{3.6}t + \frac{v^2}{2g(\Phi \pm i) \times 3^2} \quad (4-1)$$

式中，v 为车辆的行驶速度，km/h；t 为驾驶员的感知-反应时间，s；g 为重力加速度（$g=9.8$m/s²）；Φ 为滑动摩擦系数；i 为坡度。

事实上，交叉口功能区长度非固定值，应根据具体交叉口有针对性的独立计算，详细计算方法如上所述。为了方便工程应用，这里根据道路的设计速度给出交叉口功能区设计长度的通用建议值。该建议值适用于特定功能等级道路的所有交叉口。交叉口功能区设计长度建议值见表4-1。

表4-1 交叉口功能区设计长度建议值

设计速度/(km/h)	感知-反应时间行驶距离/m	减速行驶距离/m	排队长度/m	上游功能区长度/m	下游功能区长度/m
100	70	180	30	280	180
80	60	120	30	210	125
60	45	80	30	155	85
40	30	50	30	110	50

4.3 平面交叉口间距影响因素及分析范围

4.3.1 平面交叉口间距影响因素

平面交叉口间距影响因素是指制定交叉口间距标准时所需考虑的因素。由于道路交通环境（尤其是临近交叉口处）复杂多变，影响平面交叉口合理间距选择的因素很多，其中一些因素之间还存在交叉作用，不同因素的作用大小也不尽相同。只有确定平面交叉口间距影响因素后，才能针对不同的影响因素，分析其对交叉口间距的影响方式和作用大小。分析这些因素对于刻画车辆运行状态、推导合理间距的判定方法至关重要[3,4]。

总体而言，道路交通是由人-车-道路交通环境共同参与作用的复杂系统，合理的平面交叉口间距设置有利于它们相互之间的整体协调，反之则会产生一系列交通安全水平下降、运营效率降低、能耗增高、环境污染加重等方面的问题。总体而言，在假定车辆性能均处于理想状况下，从道路交通环境及多因素综合作用下的交通状况角度来看，平面交叉口间距的影响因素主要有以下十四大类：①道路接入类别（含道路功能重要性）；②道路设计参数（设计速率、设计交通量、车道数、车道宽度、设计服务水平）；③平面交叉口功能区长度（辅助车道长度、排队长度）；

④交通运营(运营车速、出行时间、延误、饱和度、车型比例);⑤信号配时(信号周期、绿信比);⑥安全视距(停车视距、会车视距、错车视距、超车视距);⑦换车道所需距离;⑧交叉口视距(引道视距、安全交叉口视距、交叉口识别距离);⑨出口道通行能力;⑩冲突重叠区;⑪交通标志有效性距离(标志的前置距离、标志识别距离);⑫行车轨迹;⑬能耗与环境污染;⑭驾驶员驾驶行为特征(对道路环境的熟悉程度、反应时间)。

上述平面交叉口间距的各影响因素并非完全相互独立;诸多因素之间的交叉作用,决定了平面交叉口间距分析的复杂性。结合国内外已有研究资料,主要从交通安全、运营效率两个方面考虑,对平面交叉口合理间距的影响因素进行必要筛选。

(1) 信号交叉口间距影响因素。①交通安全方面,包括换车道所需距离、超车视距、交叉口视距、标志有效性距离、线形组合、车辆行驶轨迹、交通流稳定距离;②运营效率方面,包括交通量水平、信号周期、运营速率、有效绿灯时间。

(2) 接入间距影响因素。包括停车视距、冲突重叠区、引道视距、安全交叉视距、接入道路的出口道通行能力、警告标志的设置距离。

(3) 交叉口角净距影响因素。包括停车视距、引道视距、安全交叉视距、接入口识别距离、接入道路出口道通行能力、交叉口功能区长度。

4.3.2 平面交叉口间距分析范围

干线或集散型道路的通达性及畅通性之间实质是博弈关系。较短的平面交叉口间距意味着较高的接入密度,能较大提高道路邻接区域的接入能力,但道路的通达功能则明显削弱,同时交通安全及运营效率也显著降低。现有文献资料表明,平面交叉口间距越大,交通安全与运营效率越高,然而周边区域的接入能力受到更多限制。

为便于分析,这里不从宏观考虑路网布局的合理性,如路网密度等指标;对各接入类别的道路,仅关注两相邻平面交叉口的最小合理间距,不进行路网级评价。本章以道路接入分类为基础,针对每一接入类别的道路,根据其相应的设计参数,制定平面交叉口间距标准。在分析过程中遵循安全第一、兼顾效率的原则,对于其他影响,如能源消耗、环境污染等不做考虑。

鉴于道路交通环境组成的复杂性,对分析对象进行如下约定:

(1) 道路路段双向均衡配流,且交通流状态一致。

(2) 在分析信号交叉间距时,两信号交叉口间无地方道路接入,即不存在接入口,从而不会对主线交通流造成干扰。

(3) 两平面交叉口间路段为平直路段。

(4) 无行人、非机动车等干扰。

(5) 多车道道路中间具有全封闭分隔带,无中间带开口影响。

4.4 信号交叉口间距分析

4.4.1 信号交叉口安全间距理论分析

1. 满足交叉口识别距离要求的交叉口间距 L_s^j

为了保证交叉口内部的通行能力和安全性,必须从交叉口上游的一定位置开始对交叉口内的信号灯和停止车辆进行有效识别,然后采取相应的驾驶行为进行车速调整或车道变换。无论是信号控制还是停让控制交叉口,驾驶员都必须在交叉口必要的识别距离以外发现交叉口。因此交叉口间距须满足驾驶员识别交叉口所要求的距离。

2. 满足交通标志设置有效性要求的交叉口间距 L_s^b

道路交通标志是现代公路上最基本、最重要的安全设施之一。相关研究表明,在危险的弯道上及交叉口设置警告标志,可减少该处事故的发生达 30% 左右。如果要充分发挥交通标志的作用,除交通标志内容、反光度等设置必须有效、合理外,其距离交叉口合理位置的确定也是影响驾驶员对交通标志判识有效性的重要因素。

驾驶员对标志信息的认识和处理过程是极其复杂的过程,一般来说可以分为发现、识别、认读、理解和反应五个阶段。驾驶员对交通标志的识别需要一定的距离,只有当道路条件满足这样的距离要求时交通标志才会发挥其工学效应,才能起到改善交通安全和运营的作用,否则交通标志的设置形同虚设,甚至还会起到相反的作用。例如,距离不足时驾驶员可能来不及理解或读完标志的内容,此时交通标志只起到分散驾驶员注意力的作用。国内大量研究表明,交通标志设置过频会增加交通事故的发生,其根本原因还是识别距离不足。从发挥交通标志工学效用的角度考虑,应尽可能不要在交叉口功能区内给驾驶员增加额外负担,即交叉口间距在保证交叉口功能区完整性的基础上,应满足交通标志的识别距离和标志的前置距离。

3. 满足车辆换车道要求的交叉口间距 L_s^c

多车道公路存在大量的车辆变换车道行为,而车辆完成换车道的过程需要一定的时间和距离。换车道时会对相邻车道的直行车辆造成影响,如果交叉口距离太短,驾驶员很有可能无法顺利进入目标车道。考虑自身的出行需求有些驾驶员会采取冒险措施,强行插入目标车道,从而造成追尾或侧碰事故。基于以上考虑,平面交叉口的距离必须满足车辆完成变换车道所需的距离。车道变换是指在正常路段行驶时的车道变换行为；对于具有专用转向车道的交叉口，其变道行为在交叉口上游功能区范围内完成，不在讨论范围内。为维护交叉口功能区车流的稳定性，要求车辆在交叉口功能区范围外必须完成所有的操作过程，如超车、变换车道等。所以交叉口的间距须满足交叉口功能区的完整性及换车道所需的宽松距离。

4. 满足超车视距要求的交叉口间距 L_s^{cq}

车辆在多车道道路超车时不影响对向车流的运行，而只受同方向车流量的影响；车辆在双车道道路上超车时，需要在对向车道上实现，因而在很大程度上受到对向车流的制约，车辆只能在对向车道有足够的超车视距时才能有变换车道和超车的可能，否则，只能继续保持被动跟车行驶状态。因此，在分析双车道道路交叉口的安全间距时，需要考虑车辆的超车视距。此外，有关交叉口间距分析的一个重要指导思想是维护道路的功能，因而设置具有超车视距的路段时必须维护交叉口功能区的完整性。

5. 考虑车辆行车轨迹要求的交叉口间距 L_s^g

《公路工程技术标准》(JTG B01—2014)及《公路路线设计规范》(JTG D20—2006)指出：同向平曲线间的最小直线段距离为 2V，反向平曲线间的最小直线段距离为 6V。提出该设计要求主要是出于安全考虑，考虑驾驶员的视觉心理特征，避免车速连续发生波动。考虑相邻交叉口间车辆的运行轨迹：右转经过上游交叉口的车辆运行一段距离后在下游交叉口右转，其行车轨迹类似两个同向的平曲线组合；而右转进入上游交叉口的车辆运行一段距离后在下游交叉口左转，其行车轨迹类似两个反向的平曲线组合。

对满足各种条件要求的交叉口理论安全间距进行综合分析，根据取最大值的原则，交叉口理论安全间距推荐值见表 4-2。

表 4-2 交叉口理论安全间距综合分析

功能等级	技术等级	车道数目	设计水平	设计速度/(km/h)	设计通行能力/(pcu/h)	最低运营速度/(km/h)	L_s^b	L_s^{cq}	L_s^g	L_s^c	L_s^j	推荐值
主要干线	一级	多车道	二级	100	1300	73	650	1162	—	706	1059	1162
				80	1100	60	475	809	—	632	816	816
次要干线	二级	双车道	三级	80	1600	58	475	—	886	632	816	886

续表

功能等级	设计参数						理论分析					
	技术等级	车道数目	设计水平	设计速度/(km/h)	设计通行能力/(pcu/h)	最低运营速度/(km/h)	L_s^b	L_s^{cq}	L_s^g	L_s^c	L_s^j	推荐值
主要集散	一级	多车道	二级	80	700~900	60	475	732	—	632	816	816
				60	550~700	50	325	458	—	563	602	602
	二级	双车道	三级	60	680	48	325	—	492	563	602	602
次要集散	三级	双车道	三级	40	700	34	190	—	308	535	398	535

4.4.2 信号交叉口效率间距理论分析

由于交通量的时间变化特性,为了提高道路交通运营效率,在交通量比较小的非高峰时段中,通常采用比较小的信号周期,如60s;而在交通量比较大的高峰时段中,通常采用大的信号周期,如120s。因此,在道路设计前必须考虑交通量的时间变化特性,设计参数须能够适应不同的交通情况。信号周期越大,对交叉口间距的要求也越大,因此交叉口间距须满足最大周期对间距的要求,而最大周期一般不宜超过120s。

目前,国外在分析交叉口间距、信号周期、运营速度三者的关系确立交叉口间距模型时,主要采用基于绿波考虑的交通信号协调控制这一思想。在各种方案下,采用绿波协调控制的交通运营一般比较好。当交叉口间距固定时,如果采用绿波控制仍不能达到理想运营效果则说明交叉口间距不合适。交叉口间距、信号周期、运营速度三者的关系模型如下所述。

(1)当两相邻交叉口采用等周期同步式协调控制时,即在同一时刻,两交叉口的信号灯显示相同的颜色。

$$L=CV \tag{4-2}$$

(2)当两相邻交叉口采用等周期交互协调控制时,即在同一时刻,两交叉口的信号灯显示相反的颜色。

$$L=\frac{1}{2}CV \tag{4-3}$$

式中,L为交叉口间距,m;C为信号周期,s;V为平均运行车速,m/s。

考虑到交通量的时间变化特性,从长远的角度出发以120s周期所要求的距离作为运营交叉口的最小间距。根据式(4-2)和式(4-3)求得适应不同功能等级道路的信号交叉口最小间距,见表4-3。

表 4-3 信号交叉口的最小间距

功能等级	设计参数						最小间距/m
	技术等级	车道数目	设计水平	设计速度/(km/h)	设计通行能力/(pcu/h)	最低运营速度/(km/h)	
主要干线	一级	四车道及以上	二级	100	1300	73	1217
				80	1100	60	1000
次要干线	二级	双车道	三级	80	1600	58	967
主要集散	一级	四车道及以上	二级	80	700~900	60	1000
				60	550~700	50	833
	二级	双车道	三级	60	680	48	800
次要集散	三级	双车道	三级	40	700	34	567

4.4.3 信号交叉口间距仿真分析

在进行信号交叉口间距调查分析的过程中，无论是数据的调查还是后期数据的处理分析都需要大量的人力、时间及设备的支持。此外，在进行数据调查分析时，无法改变诸如交通量、信号周期、交叉口间距等关键参数，难以定量化分析各种影响因素对交叉口最小间距的决定作用。为了弥补现场调查的缺陷，这里借助交通仿真软件 TSIS(Traffic Software Integrated System)来模拟各种道路交通条件，以便开展更加深入的分析。

仿真软件 TSIS 是由美国联邦公路管理局开发的，源于 20 世纪 70 年代，经过 30 多年的修订和完善，已发展成为典型的、成熟的、完整的微观交通仿真系统。该软件不仅具有友好的用户界面和强大的技术支持，而且建模技术日益成熟。其向用户开放几乎所有的参数，用户通过对参数的标定和校核，能准确地复现所研究的交通环境和状况。

1. 交通运营

以交叉口间距为主要变量，同时考虑信号周期、交通量、设计速度来分析交叉口间距对交通运营的影响。通过分析得到如下结论：设计速度为 100km/h 的路段要求交叉口最小间距为 1200m；设计速度为 80km/h 的路段要求交叉口最小间距为 950m 或 1000m；设计速度为 60km/h 的路段要求交叉口的最小间距为 800m 或 850m；设计速度为 40km/h 的路段要求交叉口最小间距为 600m。

2. 交通安全

类似于现场调查分析，在用仿真评价交通安全对间距的要求时同样采用车速

标准差变异系数 C_v 值这一指标。该数值越小表明车流越稳定,交通安全性越高。此外,得益于仿真的灵活性,仿真时可以单独改变某一个因素,以便定量分析其对仿真结果的单独影响。主要分析设计速度、信号周期、车型比例、交通量对断面车流稳定性的影响。需要说明的是,在针对单个因素进行仿真分析时,假设其他因素不变,并且下游交叉口在无限远处。

仿真结果表明,路段上设计速度是影响车流稳定距离的主要因素,车型比例对稳定距离也有一定的影响但是幅度不大。虽然信号周期、交通量、绿信比对路段的运营速度有明显的影响,但是对于车流稳定距离的影响并不明显。为了便于分析,在确定车流的稳定距离时主要考虑路段的设计速度,并加上 100m 的车型影响距离作为安全保障距离,见表 4-4。

表 4-4 车流的稳定距离

设计车速/(km/h)	40	60	80	100
车流稳定距离/m	350	500	700	950

因此,交叉口间距必须满足车流的稳定距离,此外还必须满足下游交叉口功能区的完整性,如图 4-6 所示图中 $F_上$ 为上游功能区长度,$F_下$ 为下游功能区长度。

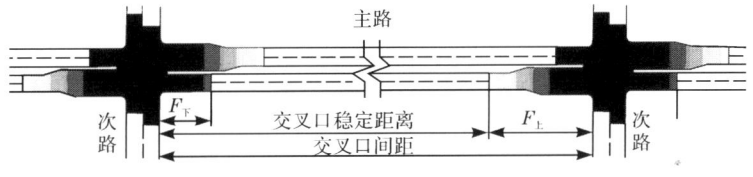

图 4-6 车流稳定距离要求交叉口最小间距

结合功能区长度,满足车流稳定性和功能区要求的交叉口最小间距见表 4-5。

表 4-5 满足车流稳定性和功能区要求的交叉口最小间距

设计车速/(km/h)	车流稳定距离/m	上游功能区长度/m	最小间距/m
100	950	279	1229
80	700	211	911
60	500	157	657
40	350	108	458

4.5 接入间距与交叉口角净距分析

接入间距和交叉口角净距的确定过程实质是道路的交通功能及接入功能之间的博弈过程。较短的间距意味着较高的接入密度,能较大提高道路临街区域的接入能力,但难以保障被接入道路的通达功能,同时交通安全性及运行效率也显著降低。国外相关研究成果表明,接入间距和交叉口角净距越大,接入道路越少,则主路交通安全性及运营效率越高。因此,干线型或集散型道路应尽可能增大或保障必须的接入间距和交叉口角净距,这也是接入管理技术所关注的关键问题之一。

4.5.1 接入间距的影响因素

接入间距是指与同一主要道路相连的接入道路(地方公路)之间的最小距离。国外大量的研究已经证明,接入间距与道路交通安全及运营效率成正比。

对于无信号接入口间距的研究,国内外相关文献考虑的因素主要包括停车视距、冲突重叠区、引道视距、安全交叉视距、接入道路的出口道通行能力、驾驶员的视觉特征等。各接入类别道路接入间距标准的制定以设计速度作为基本参数[5~7]。

1. 满足视距要求

(1) 停车视距的要求。当主路上的车辆经过上个接入口驶向下个接入口时,如果发现前方有车辆进出接入道路,不能绕道而行时必须采取刹车制动,为了防止车辆制动后撞上障碍物需要一定的距离,该距离称为停车视距。

关于停车视距,中国主要根据《公路工程技术标准》(JTG B01—2014)及《公路路线设计规范》(JTG D20—2006)。根据标准规范的推荐值,各接入类别道路在特定设计车速下停车视距值见表4-6。

表4-6 各级设计车速下停车视距及货车停车视距

设计车速/(km/h)	100	80	60	40
停车视距/m	160	110	75	40
货车停车视距/m	180	125	85	50

事实上,在实际道路运营状况下,车辆采取完全制动至停止的情况很少发生。一般情况下,驾驶员发现情况后,通过非完全制动,降低正常行驶速度到一定水平,即可避开直接冲突。因此,满足货车停车视距要求的接入口间距能满足安全行车需求。

(2) 引道视距的要求。《公路路线设计规范》(JTG D20—2006)规定,每条岔路和转弯车道上都应提供与行驶速度相适应的引道视距,如图4-7所示。引道视距在数值上等于停车视距,这里仍然采用货车的停车视距。

(3) 安全交叉视距的要求。《公路路线设计规范》(JTG D20—2006)规定,受条件限制而不能保证两岔路间由停车视距组成的通视三角区时,应保证在主要公路上为安全交叉停车视距,次要公路上至主要公路车道中心线为5~7m所组成的三角区内保持通视,如图4-8所示。主路上的车速较高;如果主路上的视距不好,

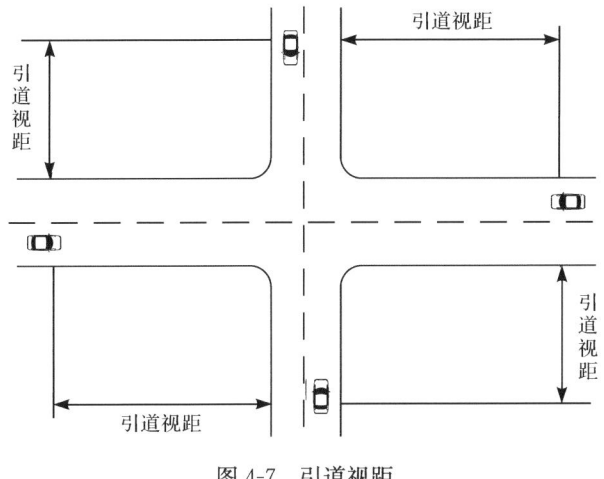

图 4-7 引道视距

在支路视距受到限制的情况下,主路上的车流与支路的驶出车辆容易发生碰撞,造成严重的交通事故。因此,支路的间距须考虑各种不良因素,使接入间距尽可能适应可能出现的情况。

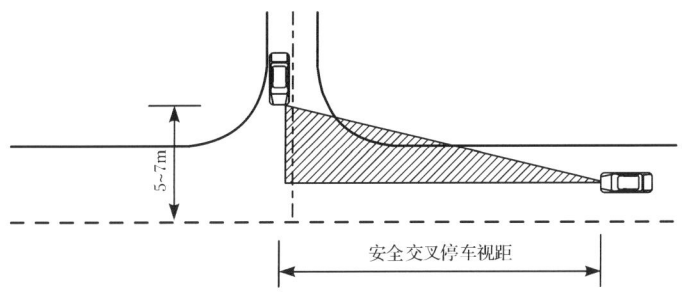

图 4-8 安全交叉停车视距三角区

安全交叉停车视距值规定见表 4-7。

表 4-7 安全交叉视距值

设计速度/(km/h)	100	80	60	40
停车视距/m	160	110	75	40
安全交叉停车视距/m	250	175	115	70

2. 警告标志设置距离要求

由于每个接入口都会引进新的冲突,主路行驶的驾驶员难以预料可能出现的冲突。因此,当路段上出现接入口时,从安全的角度出发应该在主路接入口前方设置警告标志,提醒驾驶员,使驾驶员做好心理准备。

交通标志的设置距离要求主要包括两部分:标志前置距离;驾驶员判读标志距离。从道路交通系统的完整性及驾驶员行为方面考虑,接入口的间距必须满足警告标志的前置距离;对于交通标志的判读而言,由于路口警告标志相对比较容易理解,且不需要驾驶员进行复杂的操作,因此判读反应时间取 2s 已能满足要求。接入间距应不小于标志的前置距离与驾驶员反应时间内行驶的距离之和,考虑警告标志设置距离要求的接入间距见表 4-8。

表 4-8 考虑警告标志设置距离要求的接入间距

设计速度/(km/h)	100	80	60	40
标志前置距离/m	200	150	67	50
驾驶员判读反应距离/m	56	45	34	23
接入间距/m	255	195	100	75

注:以 5m 为单位取整。

3. 分离右转冲突重叠区域

车辆在主路上行驶时,驾驶员需注意前方右转至接入道路或从接入道路右转进入主路的车辆,在上述两种状况下,可在接入口区域形成潜在冲突点。当接入道路距离不足或过密时,主路上行驶的司机可能会同时受到两个或更多接入道路的影响,即所谓的冲突重叠区(图 4-9),增加驾驶员的心理负担,影响主路的运营和安全。因此,从以人为本出发,无信号接入道路间距需足够大,避免出现冲突重叠区域。

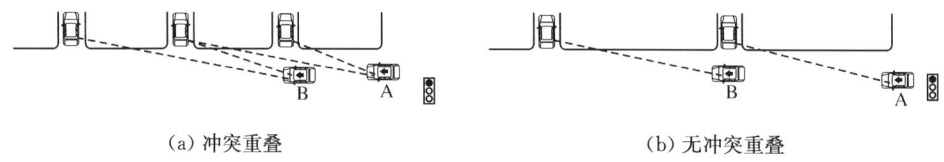

(a) 冲突重叠　　　　　　　　　　(b) 无冲突重叠

图 4-9 冲突重叠区示意图

国外冲突重叠距离计算方法与停车视距相似,但是其计算结果却比停车视距小,其主要原因在于主路直行车辆通常不会减速至停止状态。表 4-9 所示为推荐值。

表 4-9 避免右转冲突区域重叠的接入间距

行驶车速/(mi/h) (km/h)	接入道路间距/ft (m)
30 (48)	100 (30)
35 (56)	150 (45)
40 (64)	200 (60)
45 (72)	300 (90)

4. 接入道路出口道通行能力

当接入道路间距太短时,接入道路的出口通行能力会受到影响,如图 4-10 所示。当主路的交通量比较大时,第二个接入口驶出车辆可能会同时受到主线原有车辆及上游接入口右转驶出车辆的影响。

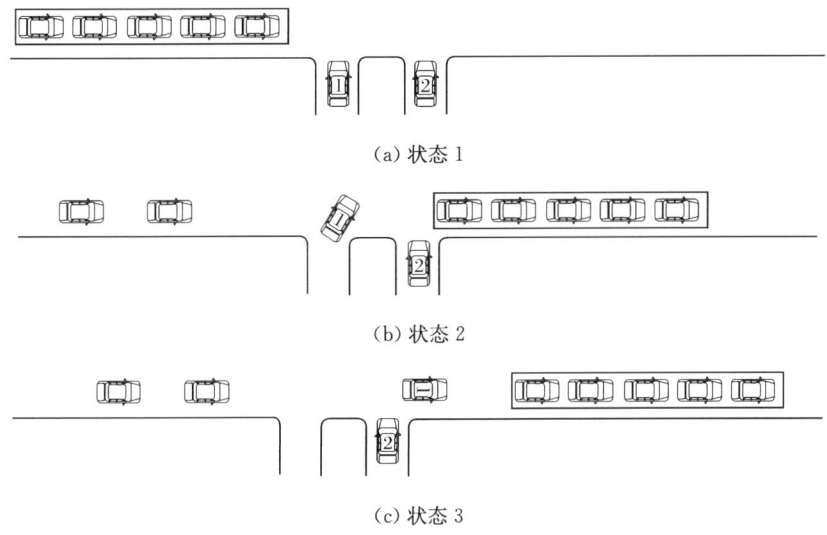

图 4-10 接入间距不足时车流受阻示意图

图 4-10 中,接入道路的车辆经过以下三种状态:

状态 1。车辆 1、车辆 2 没有足够的时间在车队到来之前驶离交叉口。

状态 2。在车队离开交叉口后,车辆 1 也离开交叉口,但是车辆 2 却被阻隔在车队末尾和车辆 1 之间。

状态 3。车辆 2 被阻隔在车辆 1 和上游即将到达的车辆之间不能驶离交叉口。

可见,过小的接入间距明显降低接入道路出口道的通行能力。如果将两相邻接入道路合并,则车队驶离交叉口后,车辆 1、车辆 2 都能进入车队末尾与上游即将到来的车辆之间的空隙,如图 4-11 所示。

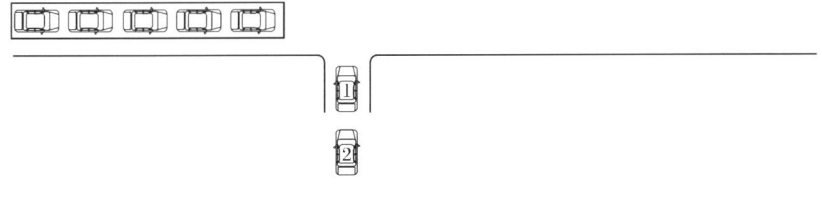

(a) 状态 1

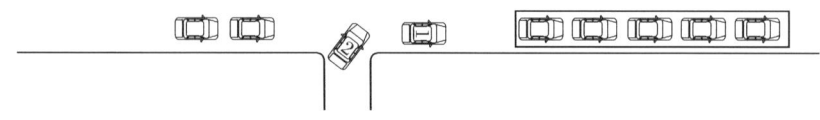

(b) 状态 2

图 4-11　接入间距足够大时车流运行示意图

从交通冲突角度分析，合并后的冲突点数将减少一半。在主、次路交通量不变的前提下，合并后的潜在交通冲突数将明显降低。

根据美国《接入管理手册》，当接入间距满足车辆从停止加速到路段平均速度所行驶距离的 1.5 倍时，既能满足交通安全又有较好的通行能力。道路上车辆的加速度值参考《公路路线设计规范》(JTG D20—2006) 的建议值，见表 4-10。计算接入间距时，取加速度 $a=1\text{m/s}^2$；主路平均车速取各接入类别道路的最低运营车速。

表 4-10　车辆加速度和减速度的建议值

相交道路	加速度/(m/s²)	减速度/(m/s²)
主要道路	1	2
次要道路	3.0	3.0

5. 接入口识别距离

从安全和驾驶员心理特征考虑，主路上接入间距应该满足判断前方接入口所需要的距离。日本《道路构造令》规定，无信号控制交叉口的识别距离满足停车视距即可。美国相关研究表明，接入口识别距离最短不应小于主路停车视距的 1.25 倍。根据取用较大值的原则，对接入口识别距离的判定选用主路停车视距的 1.25 倍，停车视距采用货车停车视距。各设计车速下的货车停车视距及最小识别距离见表 4-11。

表 4-11　各设计车速下的货车停车视距及接入口识别距离

设计速度/(km/h)	100	80	60	40
货车停车视距/m	180	125	85	50
最小识别距离/m	225	157	107	63

6. 接入间距综合分析

根据对道路接入类别的划分，即可确定各种功能等级的道路在满足影响因素要求下的接入间距[4]。总体而言，接入间距应满足式(4-4)。

$$L_a \geqslant \text{Max}(L_a^s, L_a^b, L_a^t, L_a^c, L_a^r) \qquad (4\text{-}4)$$

式中，L_a 为接入间距，m；L_a^s 为满足视距要求的接入间距，m；L_a^b 为满足警告标志设置距离要求的接入间距，m；L_a^t 为满足分离右转冲突重叠区域要求的接入间距，m；L_a^c 为满足接入道路出口道通行能力要求的接入间距，m；L_a^r 为满足接入口识别距离要求的接入间距，m。

经分析，得到接入道路最小接入间距，见表 4-12。

表 4-12 接入道路最小接入间距

道路功能	设计参数						最小接入间距/m
	技术等级	车道数目	设计水平	设计速度/(km/h)	设计通行能力/(pcu/h)	最低运营速度/(km/h)	
主要干线	一级	多车道	二级	100	1300	73	310
				80	1100	60	210
次要干线	二级	双车道	三级	80	1600	58	200
主要集散	一级	多车道	二级	80	700~900	60	210
				60	550~700	50	150
	二级	双车道	三级	60	680	48	140
次要集散	三级	双车道	三级	40	700	34	70

4.5.2 交叉口角净距

交叉口角净距主要考虑因素有：①视距要求；②接入口识别距离；③接入道路出口道通行能力；④右转冲突重叠区域；⑤警告标志的设置距离；⑥交叉口功能区。其中①~⑤考虑因素与接入间距相同。从保护交叉口功能区完整性角度出发，交叉口角净距不小于交叉口功能区的长度。可以认为交叉口角净距的确定是在考虑交叉口功能区长度及接入间距的基础上实现的。对于主路交通流而言，其通过交叉口时的行驶速度相对于路段必有所下降。因此，交叉口下游角净距一般小于无信号控制接入间距。从提高安全性考虑，国外对于交叉口下游角净距多采用接入间距值；交叉口上游角净距采用交叉口上游功能区长度值。根据分析，得到各类别道路交叉口角净距，见表 4-13。

表 4-13 各类别道路交叉口角净距

道路功能	设计参数						上游角净距		下游角净距	
	技术等级	车道数目	设计水平	设计速度/(km/h)	设计通行能力	最低运营速度/(km/h)	计算值/m	采用值/m	计算值/m	采用值/m
主要干线	一级	多车道	二级	100	1300	73	279	280	309	310
				80	1100	60	211	220	209	210
次要干线	二级	双车道	三级	80	1600	58	211	220	195	200
主要集散	一级	多车道	二级	80	700~900	60	211	220	209	210
				60	550~700	50	157	160	146	150
	二级	双车道	三级	60	680	48	157	160	134	140
次要集散	三级	双车道	三级	40	700	34	108	110	67	70

注：一级公路设计通行能力单位为 pcu/h/ln，二级、三级公路设计通行能力单位为 pcu/h。

4.6 平面交叉口间距标准

基于前面的分析，对满足各种相关要求的平面交叉口间距条件进行分析，并推荐平面交叉口最小间距标准[6,8,9~11]。

4.6.1 信号交叉口间距

对于信号交叉口，以"安全第一，兼顾效率"为原则，即从交通安全和运营效率的角度出发，根据理论分析和交通仿真的结果，推荐信号交叉口最小间距，见表 4-14。

表 4-14 信号交叉口最小间距

道路功能	设计参数						安全分析	运营分析	综合分析
	技术等级	车道数目	设计水平	设计速度/(km/h)	设计通行能力	最低运营速度/(km/h)	最小间距/m	最小间距/m	最小间距/m
主要干线	一级	多车道	二级	100	1300	73	1200	1200	1200
				80	1100	60	900	1000	1000
次要干线	二级	双车道	三级	80	1600	58	900	950	950
主要集散	一级	多车道	二级	80	700~900	60	900	1000	1000
				60	550~700	50	650	850	850
	二级	双车道	三级	60	680	48	650	800	800
次要集散	三级	双车道	三级	40	700	34	550	600	600

注：一级公路设计通行能力单位为 pcu/h/ln，二级、三级公路设计通行能力单位为 pcu/h(双向)。

4.6.2 接入间距与角净距

根据分析，各种功能等级道路接入间距和角净距推荐值见表 4-15。

表 4-15 接入间距和角净距推荐值

道路功能	设计参数						接入间距/m	交叉口角净距/m	
	技术等级	车道数目	设计水平	设计速度/(km/h)	设计通行能力	最低运营速度/(km/h)		上游	下游
主要干线	一级	多车道	二级	100	1300	73	310	280	310
				80	1100	60	210	220	210
次要干线	二级	双车道	三级	80	1600	58	200	220	200
主要集散	一级	多车道	二级	80	700~900	60	210	220	210
				60	550~700	50	150	160	150
	二级	双车道	三级	60	680	48	140	160	140
次要集散	三级	双车道	三级	40	700	34	70	110	70

注：一级公路设计通行能力单位为 pcu/h/ln，二级、三级公路设计通行能力单位为 pcu/h（双向）。

4.6.3 道路平面交叉口最小间距标准

将道路平面交叉口三种类型的间距标准进行汇总，得到基于道路功能等级（接入分类）的平面交叉口最小间距标准，见表 4-16。

表 4-16 道路平面交叉口最小间距标准

道路功能	设计参数						道路平面交叉口间距/m			
	技术等级	车道数目	设计水平	设计速度/(km/h)	设计通行能力	最低运营速度/(km/h)	交叉口间距	接入间距	角净距	
									上游	下游
主要干线	一级	多车道	二级	100	1300	73	1200	310	280	310
				80	1100	60	1000	210	220	210
次要干线	二级	双车道	三级	80	1600	58	950	200	220	200
主要集散	一级	多车道	二级	80	700~900	60	1000	210	220	210
				60	550~700	50	850	150	160	150
	二级	双车道	三级	60	680	48	800	140	160	140
次要集散	三级	双车道	三级	40	700	34	600	70	110	70

注：一级公路设计通行能力单位为 pcu/h/ln，二级、三级公路设计通行能力单位为 pcu/h（双向）。

4.6.4 平面交叉口间距标准的应用

通过应用平面交叉口间距标准,可以有效规范各类道路的接入,降低主要干道两侧的交通干扰,缓解土地开发所带来的负面交通影响,维护道路的功能,这对缓解交通拥堵和改善交通安全具有重要作用。对于新开发的区域和进行旧城改造的区域都需要应用最小间距标准最小间距标准在实际应用中应注意以下原则:

(1)需要将最小间距标准应用于各种接入类型的道路,既包括具有干线功能的主要道路,又包括具有集散功能的次要道路。

(2)既然无法完全避免背离最小间距标准的情形,应建立客观评判偏离标准的程序,以便为接入管理措施的制定提供灵活的选择,允许某些密集开发的区域采取较低的标准。

(3)在规定各种类型的道路在实施接入管理时,非干线型道路应具有更宽的选择范围,而干线型道路则应该更加严格。

(4)可以根据车辆在各个路段的行驶速度制定宽严不同的接入标准。对于尚未开发的区域,车辆的行驶速度会很高,可以规定较高的标准,制定较大的最小接入间距;对于已经充分开发的区域,车辆的行驶速度会较低,可以规定较低的标准,制定较小的最小接入间距。

(5)如果开发区域内的道路接入不符合标准,在进行改造或重建时,应尽量满足道路的接入标准。

(6)在批准某个道路的接入点时,可以对进出接入点的交通量提出限制要求。

参 考 文 献

[1] 过秀成.道路交通安全学[M].南京:东南大学出版社,2001.
[2] 克列斯特·海顿.交通冲突技术[M].张苏,译.成都:西南交通大学出版社,1994.
[3] 项乔君,陆键.基于交通冲突技术的公路平交路口交通安全评价方法[J].公路交通科技,2004,21(11):55-58.
[4] 赵建有,杨雪峰.城市道路基本路段安全评价指标的研究[J].公路,2004,9:103-106.
[5] 刘小明,段海林.平面交叉口交通冲突技术标准化研究[J].公路交通科技,1997,14(3):29-34.
[6] 刘运通.道路交通安全指南[M].北京:人民交通出版社,2004.
[7] 陆键,张国强,项乔君,等.公路平面交叉口交通安全设计理论与方法[M].北京:科学出版社,2009.
[8] 日本道路协会.道路构造令[M].东京:日本道路协会,1983.
[9] American Association of State Highway and Transportation Officials. A Policy on Geometric Design of Highways and Streets[M]. Washington DC:Transportation Research Board,2004.

[10] Committee on Access Management. Access Management Manual[M]. Washington DC: Transportation Research Board,2003.
[11] Transportation Research Borad. Driveway and Street Intersection Spacing[R]. 1996.

第5章 道路接入设计

5.1 接入设计原则

接入道路和接入点是主要干道及其两侧区域进行联系和沟通的途径,接入点的定位和设计应保障进出接入点各类车辆的交通安全,同时应尽量降低接入道路对主要道路的交通影响。鉴于此,在进行接入设计时应尽量考虑以下原则:

(1)尽量保持和维护被接入道路的主要道路功能——服务于主线交通的通畅性要求。

(2)为进出接入道路的车辆提供充足的视距。

(3)尽量降低转弯车辆和直行车辆之间的速度差,营造安全的交通环境。

(4)消除接入点转弯车辆对毗邻车道的侵占。

(5)将接入道路的开口宽度和接入点的转弯半径结合在一起设计,满足设计车辆进出接入点的行车要求。

(6)设计适当的接入道路长度,为驶入接入道路的车辆提供充足的排队空间,防止排队车辆溢出到主要道路上。

(7)设计适当的接入道路长度,为驶出接入道路的车辆提供充足的排队空间,以便更好地组织支路车辆与主路车辆的合流。

(8)尽量减少支路与主路交叉处的冲突点数。

(9)设计足够长的转弯车道,以便适应高峰小时的交通需求。

5.2 接入点的视距

接入点是接入道路与主要道路相交而成的平面交叉口。在这里,进出接入道路的车辆与主要道路的直行车辆会产生较多的交通冲突,非常容易诱发各种交通事故。为了保障交通安全,在进行接入设计时应该为接入点提供充足的视距。按照交通控制类型的不同,可将接入点交叉口分为无控制交叉口、次路停控制交叉口、次路让控制交叉口、信号控制交叉口和全停控制交叉口,另外还要单独计算交叉口主路左转视距。根据每种类型交叉口具体的交通特征计算交叉口安全视距。当交叉口的安全视距大于停车视距时,建议以安全视距作为交叉口的视距标准;当交叉口的安全视距小于停车视距时,应以停车视距为交叉口的视距标准,只有当停车视距不能得到满足时,才以安全视距作为交叉口视距的极限标准。

5.2.1 无控制交叉口

在无控制交叉口,各进口道的车辆运行没有主次之分,路权平等,所有驶入车辆都有避让交叉口内已有车辆的义务。无控制交叉口安全视距值取决于车辆到达交叉口时的速度。通过在交叉口附近的进口道和进口道停车线分别观测进入交叉口车辆的初速度和末速度,寻找两者之间是否存在比例关系,以此计算安全视距。

无控制交叉口的安全视距见表 5-1。与原先的停车视距相比较,安全视距要求较低(图 5-1)。安全视距的意义在于,当交叉口由于各种原因停车视距不能达到满足时,安全视距必须得到满足。

表 5-1 无控制交叉口安全视距建议值

设计车速/(km/h)	停车视距/m	安全视距/m
100	160	60～120
80	110	40～85
60	75	30～60
40	40	15～30

注:视距值计算精确至 5m。

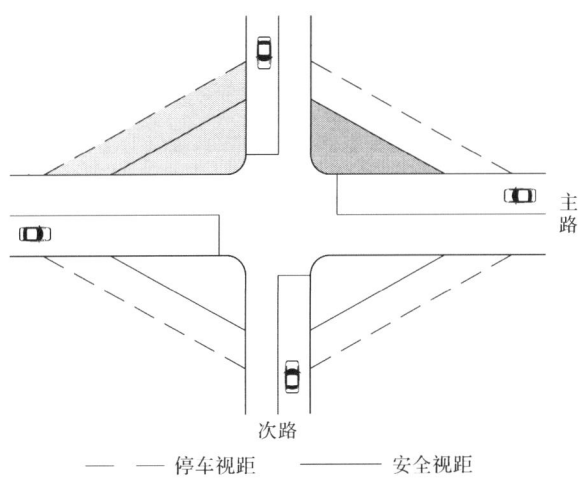

图 5-1 无控制交叉口安全视距与停车视距

5.2.2 次路停、让控制交叉口

在停、让控制交叉口中,主路车辆拥有优先通行权,次路车辆只能等待主路车辆间有足够大的间隙进入或驶离交叉口。例如,次路车辆右转,必须等到合适的主路车辆间隙,然后右转运行,这就要求次路车辆必须看见在主路上身后的第一辆车(图 5-2),如果视距值小于身后第一辆车到本身的距离,则右转弯存在危险。次路车辆左转运行也要满足这样的要求(图 5-3)。这段距离等于次路车辆进入主路可接受的临界间隙值乘以主路设计速度。

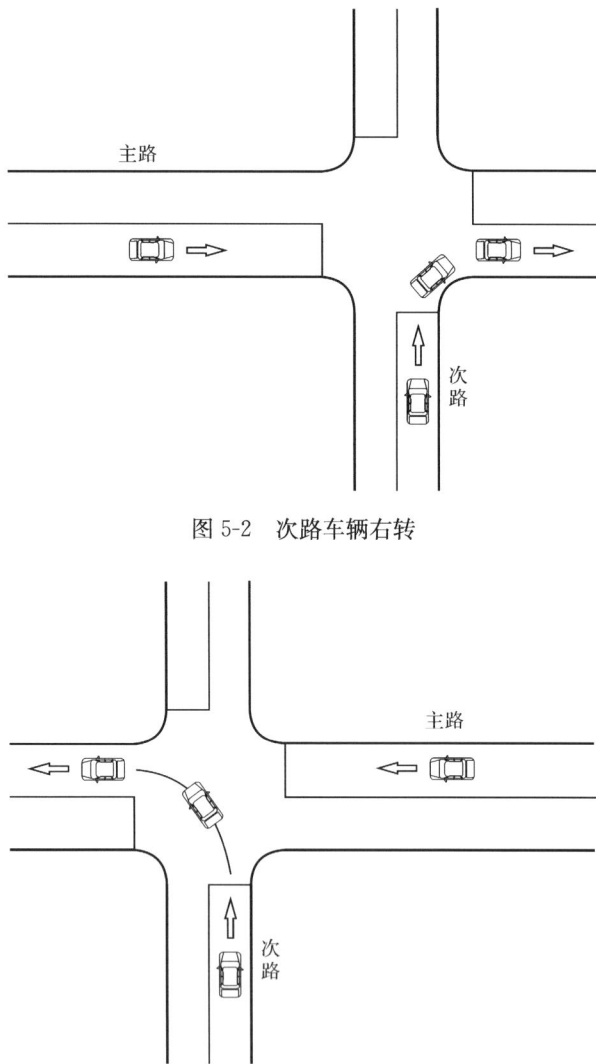

图 5-2 次路车辆右转

图 5-3 次路车辆左转

1. 沿主路视距

次路车辆左转、直行和右转沿主路视距如图 5-4 所示。次路车辆左转时要求其右侧主路车辆的临界间隙值最大,因为左转运行相对复杂;右转运行则最简单,所以次路车辆右转时要求其左侧主路车辆的临界间隙值最小;次路车辆直行时要求其两侧主路车辆的临界间隙值介于左转和右转之间。交叉口次路驶入车道左侧沿主路视距值为直行临界间隙与主路设计车速的乘积,交叉口次路驶入车道右侧沿主路视距值为左转临界间隙与主路设计车速的乘积,具体视距标准(精确至 5m)见表 5-2。

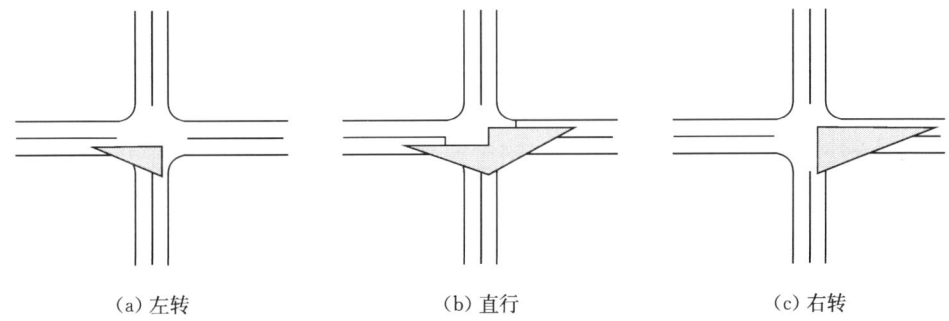

(a) 左转　　　　　　(b) 直行　　　　　　(c) 右转

图 5-4　次路车辆左转、直行和右转沿主路视距

表 5-2　停、让控制交叉口沿主路视距值(4 车道)

视距/m 设计车速/(km/h)	次路右侧沿主路视距				次路左侧沿主路视距			
	小客车	中型车	大型车	拖挂车	小客车	中型车	大型车	拖挂车
100	185	210	240	250	170	195	225	225
80	145	170	190	200	135	160	180	180
60	110	125	145	150	100	120	135	135
40	75	85	95	100	70	80	90	90

表 5-2 包括设计车速大于 40km/h 的一级、二级、三级公路基于临界间隙计算的视距值,设计车型可以从小客车、中型车、大型车和拖挂车中选取。无论选取哪种车型作为设计车型,基于临界间隙计算得到的视距值都大于同等速度条件下现行规范规定的停车视距值。因此,停车视距不能满足停让控制交叉口的交通运行特征,不能为其提供足够的安全保证。为满足合理的视距要求以提高安全性能,建议在停让控制交叉口各等级的主路上使用基于临界间隙计算的视距标准。

2. 沿次路视距

停、让控制交叉口沿次路的视距较为简单。在停控制交叉口中,次路车辆均在停车线处等待,所以沿次路视距就是司机眼睛到主路边缘线的距离,一般建议该距离为5m。在让控制交叉口中,次路车辆减速到达交叉口但不会停止,这段减速距离就是沿次路的视距值。通过大量的观测,发现次路车辆到达交叉口时末速度减至初速度的40%～60%。因此,让控制交叉口沿次路的视距值均小于同等条件下的停车视距值(表5-3)。

表5-3 让控制交叉口沿次路安全视距建议值

设计车速/(km/h)	停车视距/m	安全视距/m
100	160	105～135
80	110	75～95
60	75	50～65
40	40	30～35

注：视距值计算精确至5m。

在实际应用中,停、让控制交叉口沿次路的视距需要尽量满足停车视距要求,以防止发生意外事故,当由于特殊情况不能满足停车视距要求时,上述停、让控制交叉口沿次路的安全视距必须得到满足。

5.2.3 信号控制交叉口和全停控制交叉口

在信号控制交叉口中,路权明晰,各进口道的车辆受信号控制,速度低且直接冲突少,所以信号控制交叉口的视距要求不高,只要满足任一条车道第一辆车能够让其他车道的第一辆车看见,在如图5-5所示的区域内不得存在视距障碍。

影响信号控制交叉口视距的因素主要有交叉口转角处的障碍物、中央分隔带和机非分隔带的绿化。由于信号控制交叉口的人流、车流一般较大,所以交叉口转角处容易出现大量的非交通设施,如广告牌、电话亭、各种零售摊点等,这些设施很大程度上阻碍了机动车的视距,因此在信号控制交叉口应予以严格限制。另外,中央分隔带和机非分隔带的绿化高度过高也是影响视距的一个普遍现象,严重影响各个方向车辆的相互可视性。因此,建议交叉口功能区范围内,中央分隔带和机非分隔带的绿化高度不得高于1.2m。

全停控制交叉口的视距要求和注意事项参见信号控制交叉口。

第 5 章 道路接入设计

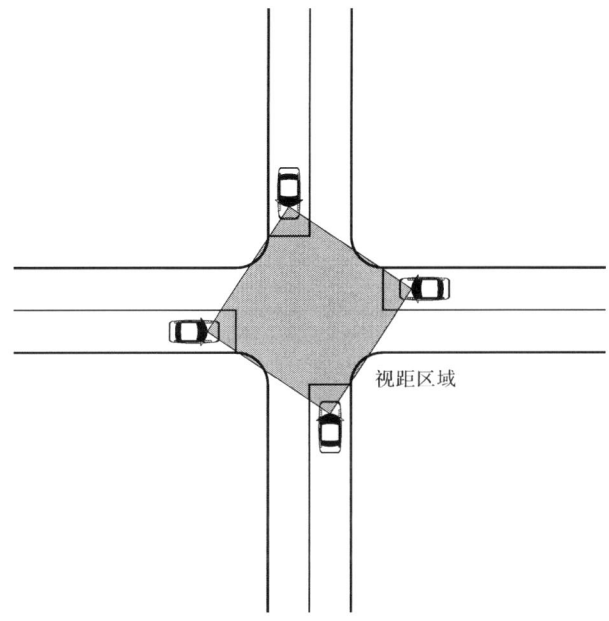

图 5-5 信号控制交叉口视距

5.2.4 主路左转视距

除了车辆进入交叉口的视距满足要求外,主路左转视距也要得到满足。左转车辆要等待对向直行车流合适的间隙,以便穿越完成左转。同样,基于间隙接受理论,以主路车辆临界间隙(t_c)作为计算标准,当主路的对向直行车流车辆间隙大于 t_c 时,则能完成左转;当车辆间隙小于 t_c 时,则不能完成左转。以主路设计车速和 t_c 的乘积作为视距沿主路的长度(图 5-6)。根据道路的设计车速,计算出主路车辆左转要求的视距值,见表 5-4。

表 5-4 主路车辆左转视距建议值(4 车道)

设计车速 /(km/h)	主路车辆左转视距/m			
	小客车	中型车	大型车	拖挂车
100	170	195	225	225
80	135	160	180	180
60	100	120	135	135
40	70	80	90	90

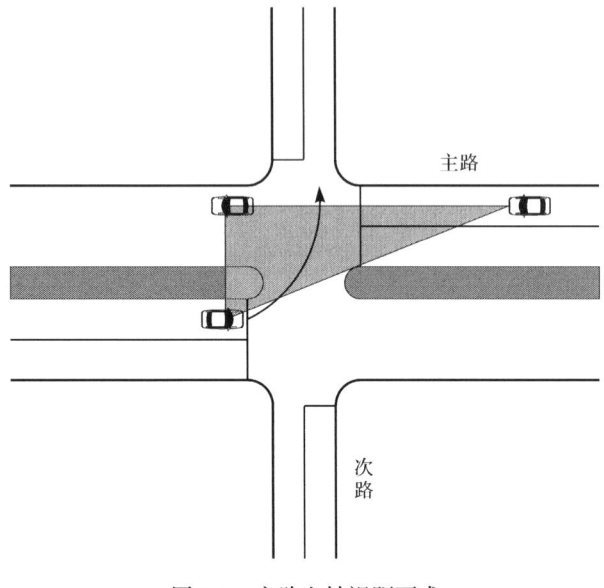

图 5-6 主路左转视距要求

5.3 接入道路设计要求

接入道路的功能是将本地不同性质土地的出入途径连接到经过该地的道路。因此,接入道路的主要目的是服务当地,将道路两侧不同利用性质的土地方便地接入道路网络。但是接入道路的一个重要设计原则是不能影响被接道路的交通运行和交通安全,因此接入道路本身有明确的设计要求以尽可能降低其对被接道路的影响。

5.3.1 接入道路开口宽度

接入道路开口宽度不宜过宽,过宽的开口容易造成驶入、驶出车辆的无序运行,从而引发事故。美国对接入道路开口宽度做了相关研究,从大量数据中建立了开口宽度和交通事故的关系,并对宽度提出了建议值。《艾奥瓦州接入管理手册》规定,一般接入道路开口宽度为 4.5~7.5m;《佛罗里达州接入道路手册》建议接入道路的最大开口宽度不能超过 11m。

根据大量调查结果,中国公路的接入道路从规模上一般可粗略地分为两大类:小型接入道路和大型接入道路(表 5-5)。结合美国的研究结果,可以建议小型接入道路的开口宽度为 4.5~7.5m,大型接入道路的开口宽度为 7.5~11m,接入道路分类见表 5-5。

表 5-5 接入道路分类

接入道路类型	接入口类型
小型接入道路	民宅开口、商业开口等
大型接入道路	集市开口、学校开口、工厂开口、大型居民区开口等

5.3.2 接入道路渠化岛

接入道路渠化岛(凸起式)的设置能够规范进出接入道路车辆的行驶,有利于接入道路和主路的交通安全(图 5-7)。接入道路渠化岛的适用条件如下所述:

(1) 接入道路开口处面积较大,容易造成驾驶者的迷惑。
(2) 驶入和驶出车辆无明显界限。
(3) 每天进出接入道路的交通量超过 4000pcu。
(4) 未来会在该处安装信号控制。
(5) 接入道路的驶入车道≥2。

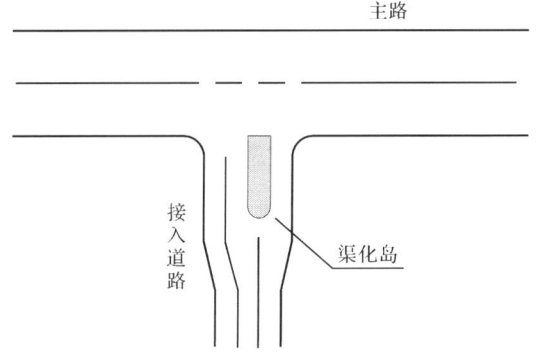

图 5-7 接入道路渠化岛(凸起式)

5.3.3 接入道路喉径深度

接入道路需要足够的长度让车辆在远离靠近主路的停车线处排队或停靠。接入道路喉径深度是指从接入道路开口到接入道路内部最外侧开口的距离。喉径深度不足会导致出入接入道路的车辆在开口处运行无序甚至交织运行,极大地影响主路交通运行(图 5-8);充足的接入道路喉径深度可以保证接入道路与主路间的交通连接顺畅,运行有序。因此,喉径深度是评价接入道路是否安全合理的重要指标。

国外研究人员对接入道路喉径深度都做了全面的研究,通过大量观测,针对土地利用性质的不同给出相应的建议值(表 5-6)。

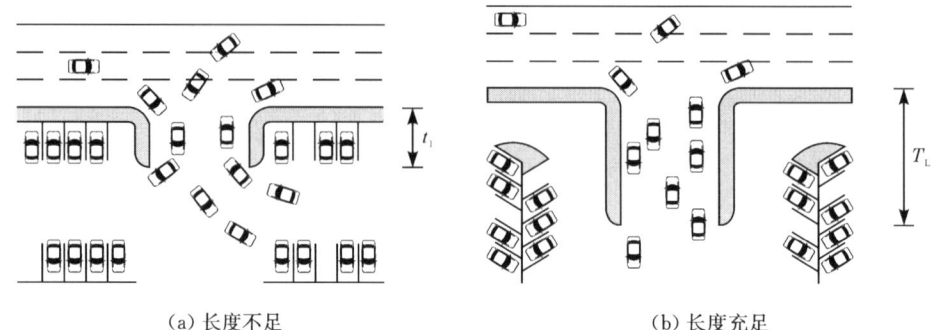

(a) 长度不足　　　　　　　　　　　(b) 长度充足

图 5-8　喉径深度

表 5-6　接入道路喉径深度建议值

美国州名	接入道路周围土地利用性质	喉径深度	
		英制/ft	公制/m
爱荷华州	大型购物中心	500	155
	小型购物中心或大型超市	200	65
	小商店	75～90	25～30
得克萨斯州	地区性购物中心、地区性停车场	250	80
	社区购物中心	120	40
	办公大楼	80	25
	小商店	30	10
佛罗里达州	大型购物中心并且接入道路≥4车道	300	95
	地区性购物中心(面积≥14000m^2)	250	80
	社区购物中心(10000m^2≤面积<14000m^2)	150	50
	小型购物中心	50	20
	小商店	30	10

　　基于中国公路两侧的土地利用性质，可以将喉径深度划分为三个级别：第一个级别的最小长度为10～40m，包括零散的民宅、小型商业点和小商店；第二个级别的最小长度为40～80m，包括小型集市和社区型购物中心；第三个级别的最小长度为80～150m，包括地区性购物中心、大型超市和集市、大型停车场、学校、工厂、大型社区(表5-7)。当只有少量存在上述各类型接入点时，其对接入道路的影响较小，此时接入道路的喉径深度取下限值；当上述各类型接入点大量存在时，其对接入道路的影响较大，接入道路的喉径深度取上限值。

表 5-7 喉径深度最小值

接入道路周围土地利用性质	喉径深度最小值/m
小商店、民宅	10～40
社区购物中心、小集市	40～80
地区性购物中心、大型超市、大型集市、大型停车场、学校、工厂、大型社区	80～150

5.3.4 接入道路右转车道的设置

接入道路右转车道是指为右转驶入和右转驶出接入道路的车辆设置的专用车道(图 5-9)。当主路右转和接入道路右转交通量较大时可以考虑设置接入道路右转车道。当右转驶入和右转驶出接入道路的交通量都较大时，右转车道的设置如图 5-9(a)所示；当右转驶出接入道路的交通量较大时，右转车道的设置如图 5-9(b)所示；当右转驶入接入道路的交通量较大时，右转车道的设置如图 5-9(c)所示。同时建议设置凸起的分隔岛，分离驶入、驶出车流。

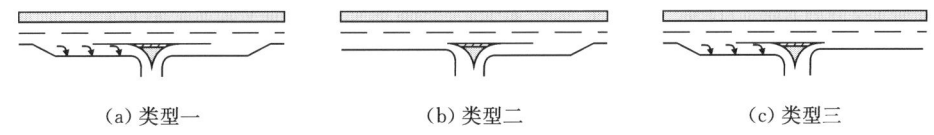

(a) 类型一　　　　　　(b) 类型二　　　　　　(c) 类型三

图 5-9　接入道路右转车道设置示意图

5.4　功能区内接入道路的设计

5.4.1　功能区内接入道路的关闭

在接入管理技术中，所有与交叉口直接相接的支路或次要道路统称为接入道路。理想状况下，在交叉口的功能区范围内不能存在任何形式的接入道路，因为交叉口功能区内接入道路对交叉口交通运行有显著的不利影响(图 5-10)。但在实际中，交叉口功能区内存在接入道路的现象相当普遍，要关闭所有接入道路并不现实，某些接入道路的存在可以通过其他方法加以控制。但是在接近交叉口的交叉区域附近，由于交通冲突点密集，接入道路的存在会严重影响交通安全，所以有必要界定这一范围[1]。

车流由路段进入交叉口，速度会由相对稳定变为逐渐波动，并且随着距离交叉口越近，这种波动越大，即车辆间的速度差异变大。因此可以以车流速度差或车流速度标准差作为控制参数来限制接入距离，即在车辆速度差或速度标准差大于某个数值时，在进口道的该距离内禁止任何接入。美国《接入管理手册》中对接

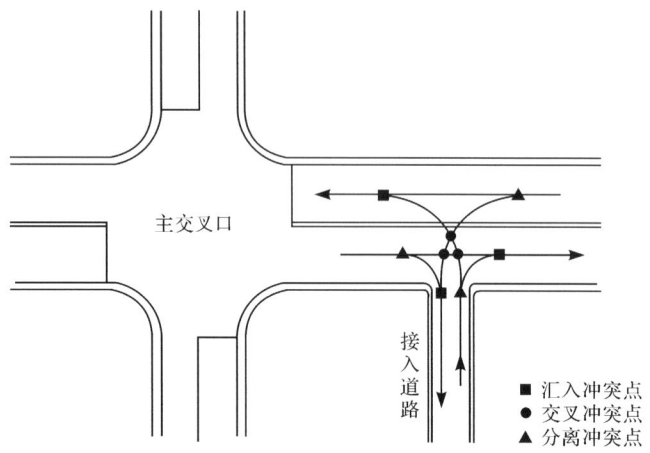

图 5-10 接入道路对交叉口的影响

入道路关闭有相应规定,在距交叉口 75m 内禁止任何接入。75m 的标准来源于临近交叉口的速度差,在交叉口 75m 外交通流速度差小于 15km/h,而交叉口 75m 外交通流速度差大于 15km/h。一般情况下,车辆间的速度差大于速度标准差,观测发现比值约为 1.5∶1。因此对应地可以将 10km/h 的速度标准差作为临界值。速度标准差大于 10km/h 的区域禁止接入存在。

中国交叉口的大量观测数据表明,当车辆距交叉口停车线小于 70m 时,车辆间的速度标准差大于 10km/h,因此可以以 70m 作为设计临界值。建议在距交叉口 70m 的范围内严格禁止任何道路的接入。

5.4.2 功能区内接入道路的出入控制

在接入道路与主路相交处存在四种转向运行,即主路左转进入接入道路、主路右转进入接入道路、接入道路左转进入主路和接入道路右转进入主路。不同的转向运行复杂程度不同,所以发生事故的概率也不同。图 5-11 所示为美国公路在接入处四种转向运行的事故率。由图 5-11 可知,主路左转事故和接入道路左转事故占总事故的 74%,左转运行发生事故的概率远高于右转。因此,要根据具体情况,对接入道路与主路间的左转运行进行控制和管理。

当交叉口功能区内接入道路为分方向道路时,可根据主路交通量的大小对接入道路进行出入控制管理。出入控制的方式主要有禁止左进左出[图 5-12(a)、(d)]、禁止左出[图 5-12(b)、(e)]和禁止左进[图 5-12(c)、(f)]。主路没有中央分隔带的,可以设置渠化岛;主路已有中央分隔带的,对中央分隔带开口进行处理。

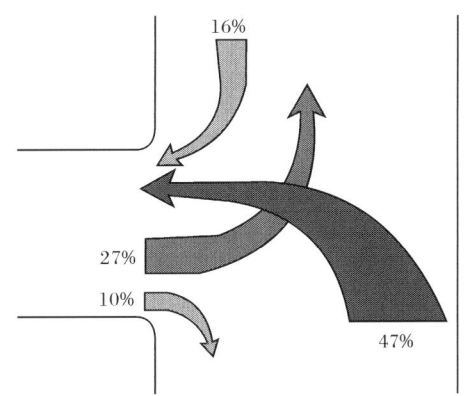

图 5-11 主路与接入道路间转向事故发生率

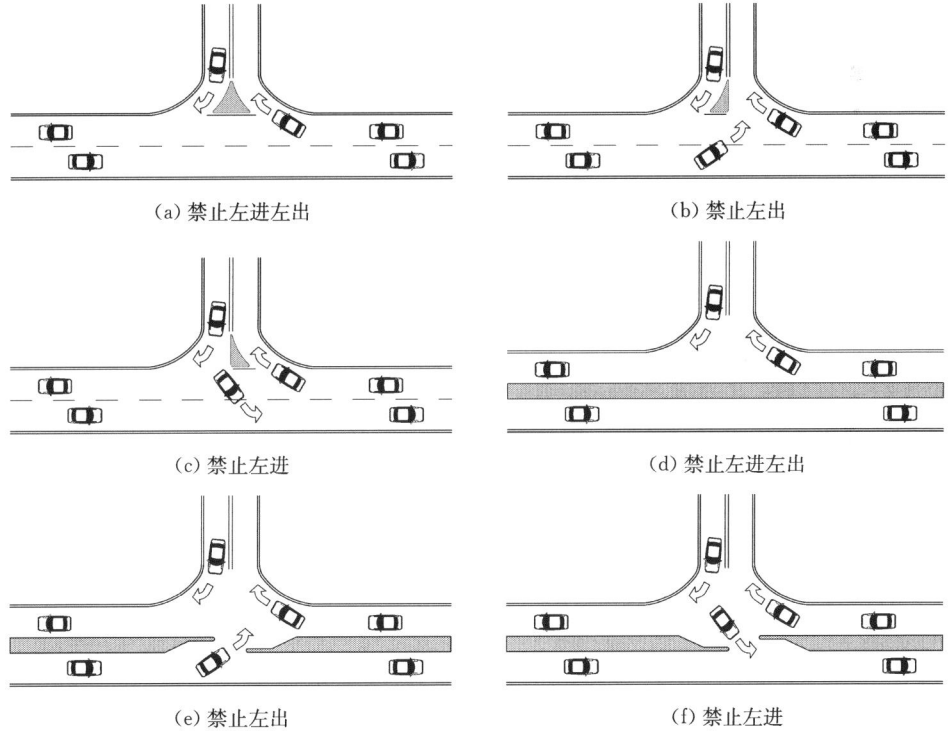

图 5-12 接入道路的出入控制

5.4.3 功能区内接入道路的接入顺序

当交叉口某进口道两侧各有一个接入道路时,其接入交叉口的顺序不同会产生不同的交通冲突。

在分析接入道路对主交叉口产生交通冲突影响时,主要考虑主交叉口的交通流,即主路转向车辆。正确的接入顺序是:当主交叉口进口道上的车辆左转进入两侧的接入道路时,相互之间不会产生交通冲突;而错误的接入顺序则会产生较严重的交叉冲突(图5-13)。

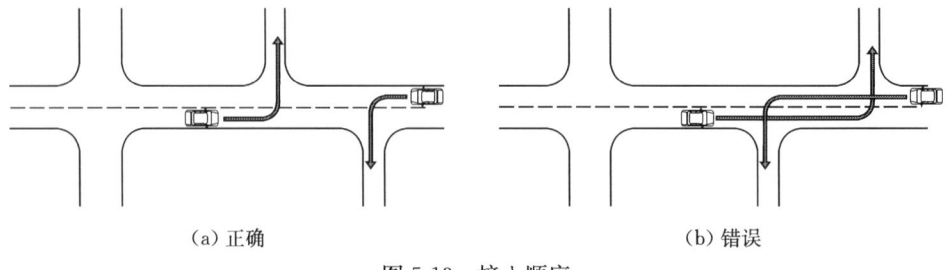

(a)正确　　　　　　　　　　　(b)错误

图5-13　接入顺序

但是当接入道路的转向交通量较大而主路的转向交通量较小时,上述正确的接入顺序反而导致更多的冲突。需要指出的是,当接入道路转向交通量较大而主路转向交通量较小的情况出现时,需要关闭接入道路而不是考虑接入顺序,因为这样的接入道路是不合理的。所以接入道路的接入顺序问题是针对存在性合理而顺序错误的接入道路。

综上,当交叉口某进口道两侧接入道路出现不合适的接入顺序时,建议将靠近主交叉口的接入道路关闭,重新设置到反向接入道路的下游(图5-14),以减少对主交叉口的不利影响,重新设置的接入道路与另一侧接入道路应满足最小间距标准。

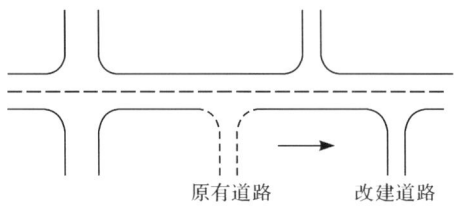

原有道路　　　改建道路

图5-14　错误接入顺序的处理

5.4.4　功能区内接入道路与交叉口进口道直接相交的处理

在交叉口功能区内,当一条接入道路直接与交叉口的一条进口道相交,会对主交叉口的安全运行产生很大的影响,这相当于在主交叉口附近又增加一个新的交叉口,即新产生8个分流冲突点、8个合流冲突点和16个交叉冲突点(图5-15)。

在新建交叉口应避免出现这种情况。如果已经存在这样的直接相交,建议将接入道路进行偏置处理(图5-16)。偏置处理的优点是:①较少冲突点数目(直接

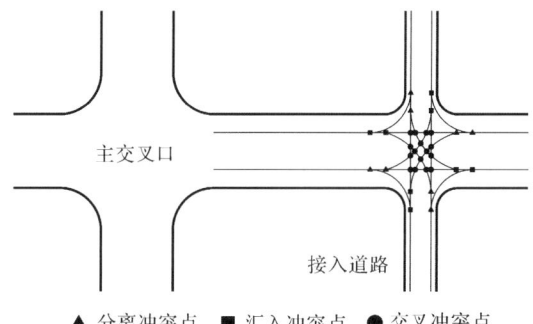

▲ 分离冲突点　■ 汇入冲突点　● 交叉冲突点

图 5-15　接入道路与交叉口直接相交

相交产生 8 个分流冲突点、8 个合流冲突点和 16 个交叉冲突点,偏置处理后产生 6 个分流冲突点、6 个合流冲突点和 6 个交叉冲突点,减少 2 个分流冲突点、2 个合流冲突点和 10 个交叉冲突点);②冲突点远离主交叉口。

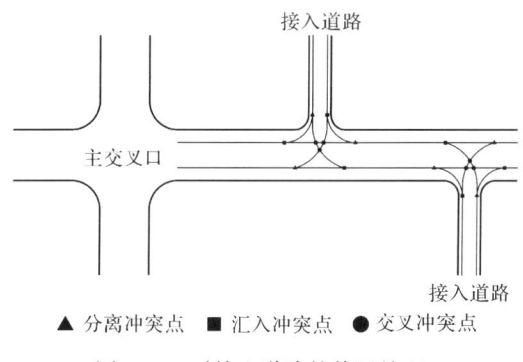

▲ 分离冲突点　■ 汇入冲突点　● 交叉冲突点

图 5-16　对接入道路的偏置处理

接入道路一侧偏置处理,虽然会使接入道路上的直行运行比原先复杂,但却大大降低了对主交叉口的不利影响。接入道路偏置设置时顺序必须正确,并且与另一侧接入道路的最小间距满足接入道路间距部分的标准。

需要注意的是,上述技术适用于接入道路交通量较小的情况,当接入道路交通量较小时,改善后的安全效果是明显的;而当接入道路的交通量较大时,则建议关闭该接入道路或将其迁移至交叉口功能区以外。

5.4.5　功能区内接入道路的合并与合流

交叉口功能区内接入道路的接入密度过大会显著影响交叉口范围交通流运行的稳定,车速差增加,发生碰撞事故的概率加大。因此,功能区内的接入道路或接入口过多、过密,可以考虑将其合并(加油站除外),再将合并而成的道路对交叉口的接入口设置于功能区之外(图 5-17、图 5-18),以便尽量消除接入道路对交叉口的交通影响。

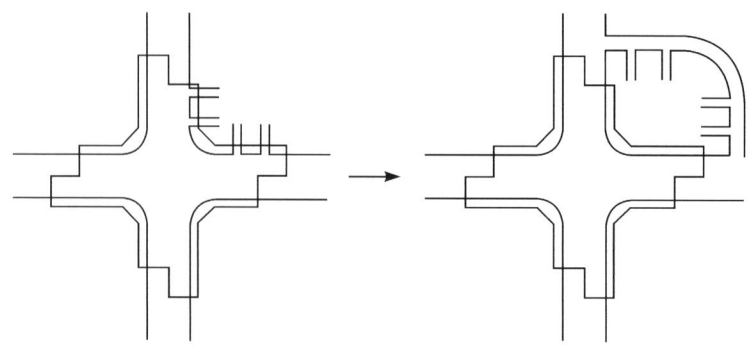

图 5-17　交叉口某进口道接入道路的合并

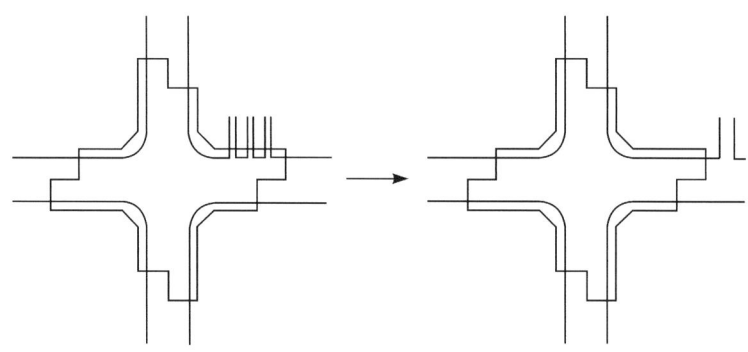

图 5-18　交叉口某象限接入道路的合流

中国的道路系统普遍存在接入密度过大的情况,特别是位于城郊的交叉口,各种支路盲目接入,严重影响主路的交通安全。

可以将 70m 近似地看做接入道路的临界间隔,而交叉口功能区上游长度约为 200m、下游长度约为 150m。因此从数值上分析,在交叉口进口道上游车道的一侧接入道路的数目不能多于 3 个,下游车道一侧接入道路的数目不能多于 2 个。但是交叉口周围因用地性质不同,其开口对交叉口的影响不同,所以接入道路合并的标准应该考虑土地利用性质。例如,学校和工厂的接入口一般较大,流量较大、较集中,所以这类接入口合并的标准应该更加严格;集市和居民区的接入口较小,流量较小、较分散,合并标准可以适当放宽;位于乡村的交叉口由于接入本来就较少,所以其接入合并标准应该较高。另外,交叉口相交道路的功能也是影响因素,具有干线型功能的公路主要确保主路的通行,其对次路接入的要求较高,因此开口限制更加严格;而具有集散型功能的公路还兼顾与周围道路的连接,其对次路接入的要求较低,开口限制相对较少。不同用地性质的接入道路具体合并及合流措施见表 5-8。

表 5-8 交叉口接入道路合并及合流措施

用地性质		道路功能	合并措施
城郊	学校或工厂	干线型	上游车道一侧接入道路数目≥2合并； 下游车道一侧接入道路数目≥2合并； 单象限内接入道路数目≥2合流
		集散型	上游车道一侧接入道路数目≥2合并； 下游车道一侧接入道路数目≥2合并； 单象限内接入道路数目≥3合流
	集市或居民区	干线型	上游车道一侧接入道路数目≥3合并； 下游车道一侧接入道路数目≥2合并； 单象限内接入道路数目≥3合流
		集散型	上游车道一侧接入道路数目≥3合并； 下游车道一侧接入道路数目≥2合并； 单象限内接入道路数目≥4合流
乡村		干线型	上游车道一侧接入道路数目≥2合并； 下游车道一侧接入道路数目≥2合并； 单象限内接入道路数目≥2合流
		集散型	上游车道一侧接入道路数目≥2合并； 下游车道一侧接入道路数目≥2合并； 单象限内接入道路数目≥3合流

对接入道路的合并与合流提出定量的实施细则，并对交叉口存在的过密接入道路进行处理。当交叉口附近土地进行各种开发时，建议这些开发区域应集中于交叉口某象限，尽量避免分布于各个象限（图 5-19），以便有效地减少交叉口进口道接入道路的数目。

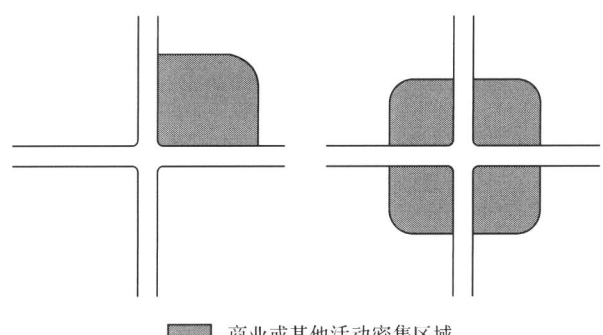

图 5-19 交叉口周围用地分布形式

5.5 中央分隔带开口设计

5.5.1 中央分隔带开口形式及其组合

根据中央分隔带所处位置、交叉口形式、专用左转车道情况,中央分隔带开口共有如下三大类 9 种类型[2]。

1. 路段中央分隔带开口型式

(1) 路段普通无专用左转车道 1-a 型[图 5-20(a)]。1-a 型中央分隔带开口为上、下游交叉口调头车辆提供开口。与 T 形、十字形交叉口的中央分隔带开口相比,该类开口的冲突数小,仅有 4 个冲突点,安全性提高。但调头车辆在调头之前需要刹车减速,可能导致其与主线直行车辆发生追尾碰撞,调头后会侵犯对向车道直行车辆。

(2) 路段普通有专用左转车道 1-b 型[图 5-20(b)]。其相比 1-a 型有所改进,该类中央分隔带开口的专用左转车道可以降低车辆在调头前与主线直行车辆的冲突,但对中央分隔带宽度要求提高。同时,较小的开口会限制大型车辆的调头。

(3) 路段方向限制有专用左转车道 1-c 型[图 5-20(c)]。与 1-b 型中央分隔带开口相比,1-c 型中央分隔带开口进一步改进调头车辆在开口处的运行,采用物理实体将对向调头车辆分隔开,降低调头车辆正面碰撞的可能性。

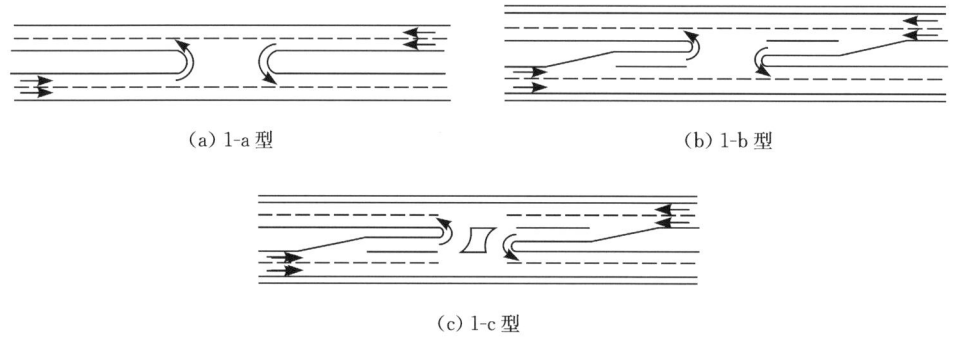

(a) 1-a 型　　　　　　　　　　　　(b) 1-b 型

(c) 1-c 型

图 5-20　路段中央分隔带开口

2. T 形交叉口中央分隔带开口型式

(1) T 形交叉口普通无专用左转车道 2-a 型[图 5-21(a)]。该类中央分隔带开口,支路车辆可无限制的进入主路,主路车辆可在此调头或转弯进入支路。但调头及转弯车辆可能导致主线直行车辆发生追尾碰撞,调头后会侵犯对向车道直行车辆。

(2) T形交叉口普通有专用左转车道 2-b 型[图 5-21(b)]。其相比 2-a 型有所改进。专用左转车道的设置降低了调头和转弯车辆与主线直行车辆的冲突,但对中央分隔带宽度要求提高。同时,较小的开口会限制大型车辆的调头。

(3) T形交叉口方向限制有专用左转车道 2-c 型[图 5-21(c)]。其相比 2-b 型有进一步改进。如果限制支路车辆左转弯进入主线,支路车辆仅可以右转进入主路,同时限制主线由左向右车辆在此调头。

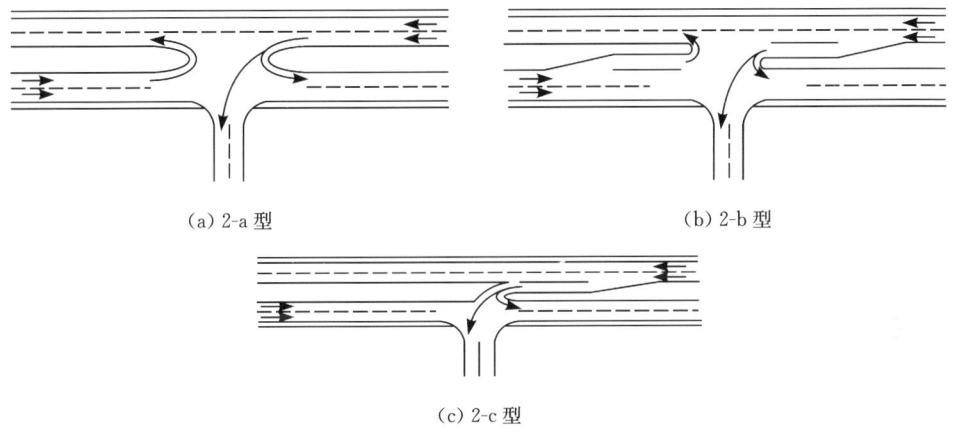

(a) 2-a 型 (b) 2-b 型

(c) 2-c 型

图 5-21 T形交叉口中央分隔带开口

3. 十字形交叉口中央分隔带开口型式

(1) 十字形交叉口普通无专用左转车道 3-a 型[图 5-22(a)]。支路进出车辆可无限制的进入主路,支路车辆的出入对主线会造成一定影响。主路车辆可在此调头及转弯进入支路,但调头及转弯车辆可能导致主线直行车辆发生追尾碰撞,调头后会侵犯对向车道直行车辆,同时对双向直行交通造成一定程度的延误。

(2) 十字形交叉口普通有专用左转车道 3-b 型[图 5-22(b)]。3-b 型中央分隔带开口为常用十字形交叉口进口道拓宽形式,与 3-a 型中央分隔带开口相比,该类开口设置了左转车道,可以降低左转和掉头车辆对主线直行车辆的干扰。但是,总的来说,支路对主路的交通影响仍然很大。

(3) 十字形交叉口方向限制有专用左转车道 3-c 型[图 5-22(c)]。3-c 型中央分隔带开口为典型的十字形交叉口方向限制性开口,开口内部设置了具有方向限制的分隔带,仅允许干线车辆左转弯至支路,而限制支路(接入道路)的直行及左转交通。此外,还设置了专用左转弯车道,进一步降低支路对主线直行车辆的影响。

5.5.2 中央分隔带开口组合型式

上文所述为不同类型的路段、T形和十字形交叉口中央分隔带型式,单独的

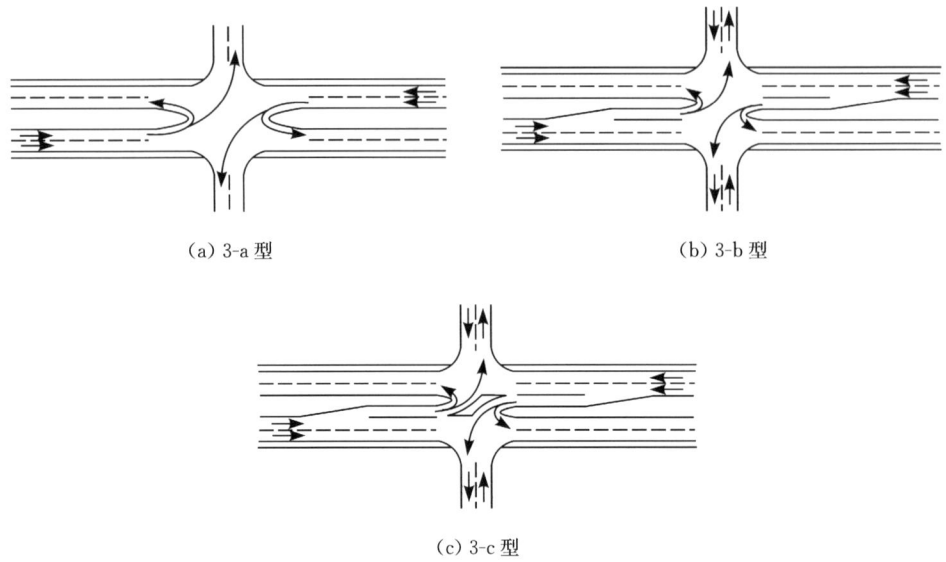

(a) 3-a 型   (b) 3-b 型

(c) 3-c 型

图 5-22　十字形交叉口中央分隔带开口

某一种类型仅针对单一接入点的控制,将它们组合在一起就形成干线道路上的一系列连贯的接入控制,对道路沿线区域内的交通流会产生连续的引导作用。以下提供五种典型的中央分隔带开口组合形式,可以对这五种组合的组成部分进行修改以适应实际路况的变化。

1. 组合 C1

如图 5-23 所示,上、下游十字形交叉口(3-c 型)之间提供中央分隔带开口(1-c 型),供支路车辆在间接左转弯或间接直行时使用。组合部分可表达为 C1 ⇔ 3c+1c+3c。

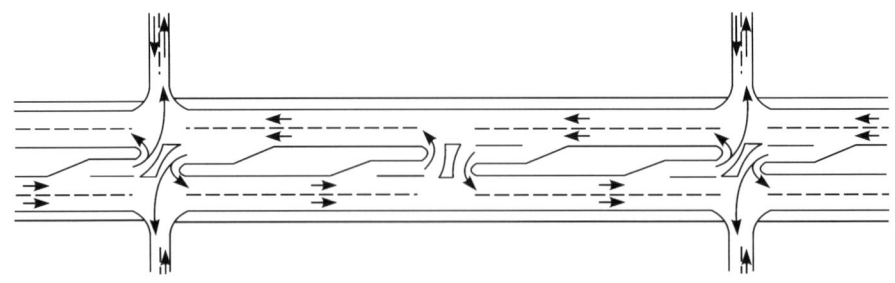

图 5-23　组合 C1

主线车辆在十字形交叉口可利用专用左转车道直接左转弯进入支路,支路车辆仅可以右转进入主线。需要左转弯的支路车辆在交叉口下游路段开口处调头,从而实现间接左转。需要直行的支路车辆在交叉口下游路段开口处调头,返回原交叉口之后再右转弯,从而实现间接直行。支路左转弯车辆和直行车辆绕行距离不长,对主线直行车辆的影响降至最低。组合 C1 适合接入支路左转弯交通量和直行交通量都不太大的情形。

2. 组合 C2

如图 5-24 所示,上、下游十字形交叉口(3-b 型)之间提供中央分隔带开口(1-b 型),供支路车辆在间接左转弯时使用。组合部分可表达为 C2 ⇔ 3b+1b+3b。

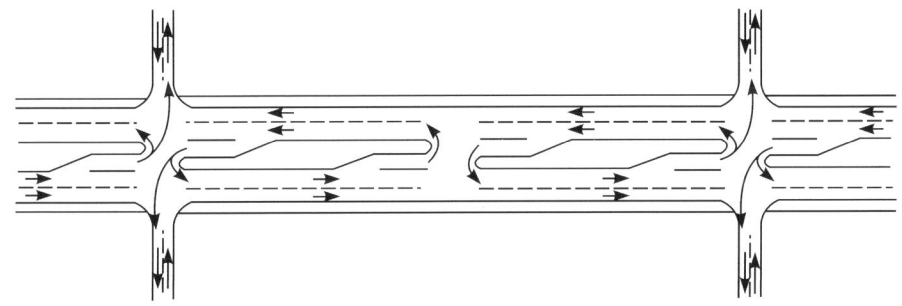

图 5-24 组合 C2

主线车辆在十字形交叉口可利用专用左转车道直接左转弯进入支路,支路车辆可以直行穿越主线。支路左转弯车辆需在交叉口右转进入主线,在交叉口下游路段开口处调头,从而实现间接左转。支路左转弯车辆绕行距离不长,对主线直行车辆的影响降至最低。组合 C2 适合接入支路左转弯交通量不大而直行交通量相对较大的情形。

3. 组合 C3

如图 5-25 所示,上、下游十字形交叉口(3-a 封闭型)之间提供中央分隔带开口(1-c 型),供支路和主线的车辆间接左转弯或支路车辆间接直行时使用。组合部分可表达为 C3 ⇔ 3a(封闭型)+1c+3a(封闭型)。

上、下游十字形交叉口为 3-a 封闭型,禁止主线车辆左转弯、支路车辆直行与左转弯。主线左转弯车辆需行驶至下游路段开口 1-c 型处掉头,从而实现间接左转弯。支路直行及左转弯车辆都需先右转进入主线,行驶至下游路段开口 1-c 型处调头,返回原交叉口之后再右转弯或直行,从而实现间接直行或间接左转弯。组合 C3 适合严格控制接入的干线道路,保证干线交通在此处的通过性需求。同时,主线左转弯车辆以及支路的直行和左转弯车辆的出行需求也能得到一定程度

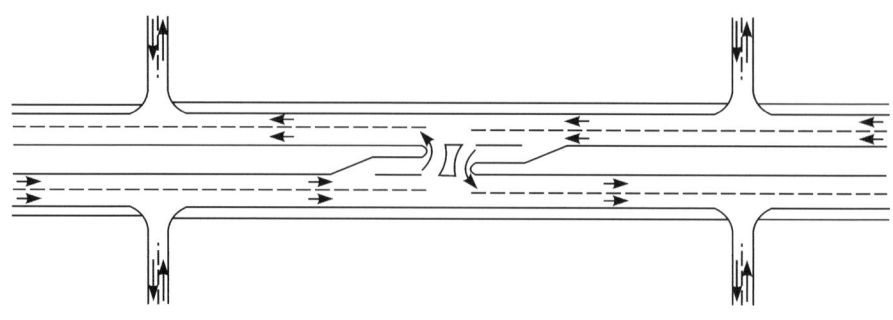

图 5-25 组合 C3

的满足。

4. 组合 C4

如图 5-26 所示,上、下游 T 形交叉口(2-a 封闭型)之间提供中央分隔带开口(1-c 型),供车辆间接左转弯时使用。组合部分可表达为 C4⇔2a(封闭型)＋1c＋2a(封闭型)。

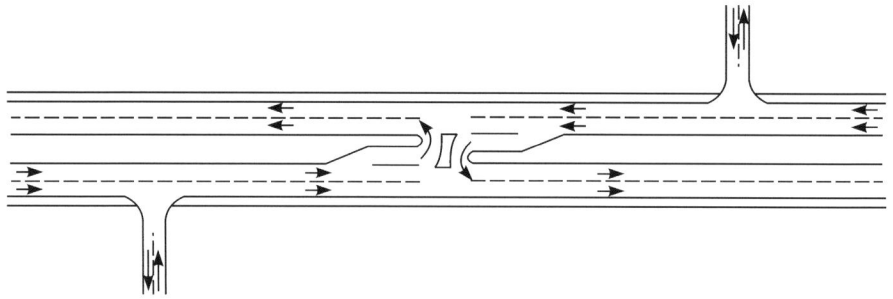

图 5-26 组合 C4

T 形交叉口是道路上常见的支路接入方式,组合 C4 限制了支路车辆的直接左转,支路左转弯车辆需先右转进入主线,直行至下游路段开口 1-c 型处调头,实现间接左转。C4 适合严格控制接入的干线道路,保证了干线交通在此处的通过性需求。

5. 组合 C5

如图 5-27 所示,上、下游十字形交叉口(3-a 型信号交叉口)之间提供中央分隔带开口(1-c 型),供车辆间接左转弯时使用。组合部分可表达为 C5⇔3a(信号)＋1c＋3a(信号)。

信号控制的十字形交叉口可以利用交通信号控制主路转弯车辆,同时利用交

第 5 章 道路接入设计

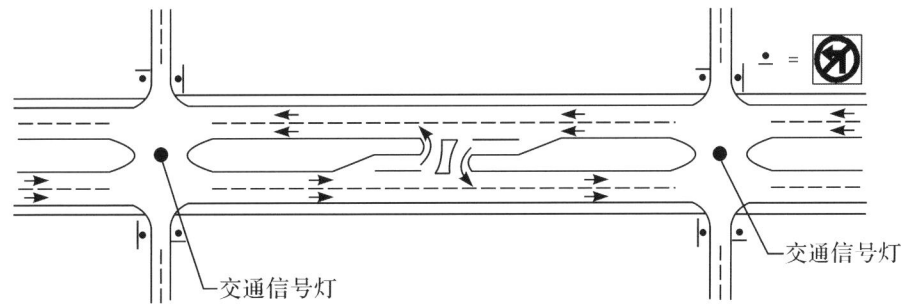

图 5-27 组合 C5

通标志控制支路车辆的左转,既满足支路车辆的直行又提高主线通行能力。适合支路左转弯交通量较小,而主线左转弯交通量较大的情形。

5.5.3 U 形转弯开口

道路 U 形转弯是交通流运行组织方式的一种,其基本思想是变直接左转为右转和 U 形转弯,以减小冲突,进而提高车辆运行的效率和安全性。

1. 设计形式

(1) 下游路段 U 形转弯。根据路段的几何条件及道路实际交通状况,针对不同的约束条件,下游路段 U 形转弯有不同的空间设计方法,如图 5-28 所示。

双幅路道路上,一般当车辆调头需求较小时,可以让调头车辆在调头通道停车待行,而不需再进行其他的渠化措施;当车辆调头需求较大时,则应在对向车道划出避让线,并考虑设置信号灯以便控制左转车流调头,如图 5-28(a)所示。如果中央分隔带足够宽(大于 7m),则可考虑压缩中央分隔带以设置调头待行区和汇入区段,如图 5-28(b)、(c)所示。另外,对路段人行横道与调头车道的布设可以相互结合,如图 5-28(b)所示。当道路为双向 4 车道或红线宽度较窄,不足以使车辆进行调头时,可采取在外侧增加掉头车道的方法实现 U 形转弯,如图 5-28(d)所示。

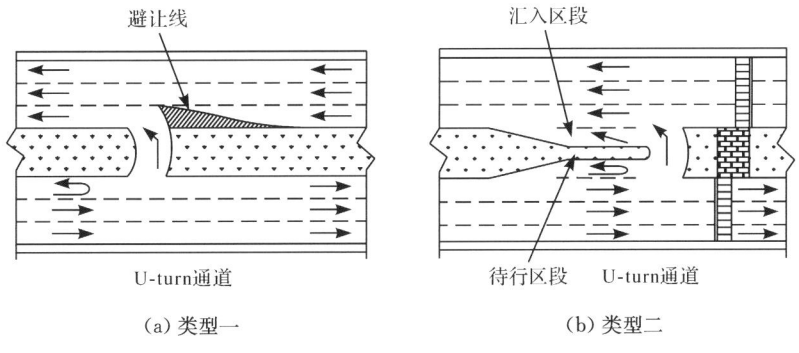

(a) 类型一　　　　　　　　　　(b) 类型二

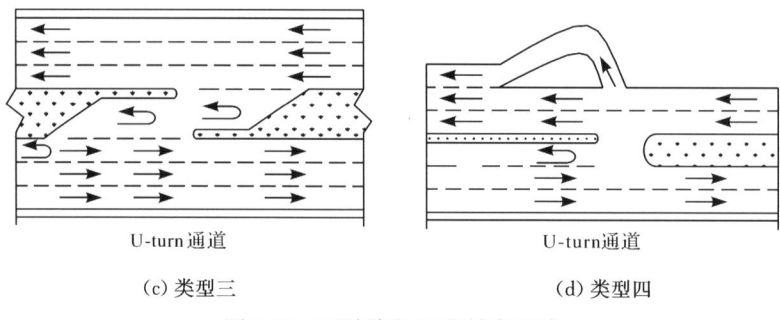

(c) 类型三　　　　　　　　　　　(d) 类型四

图 5-28　下游路段 U 形转弯设计

(2) 下游信号交叉口 U 形转弯。根据交叉口的几何条件以及道路实际交通状况，针对不同约束条件，下游信号交叉口进行 U 形转弯有不同的空间设计方法，如图 5-29 所示。一是与直行车流共享一条车道，如图 5-29(a) 所示；二是压缩中央分隔带设置 U 形转弯专用车道，如图 5-29(b) 所示。

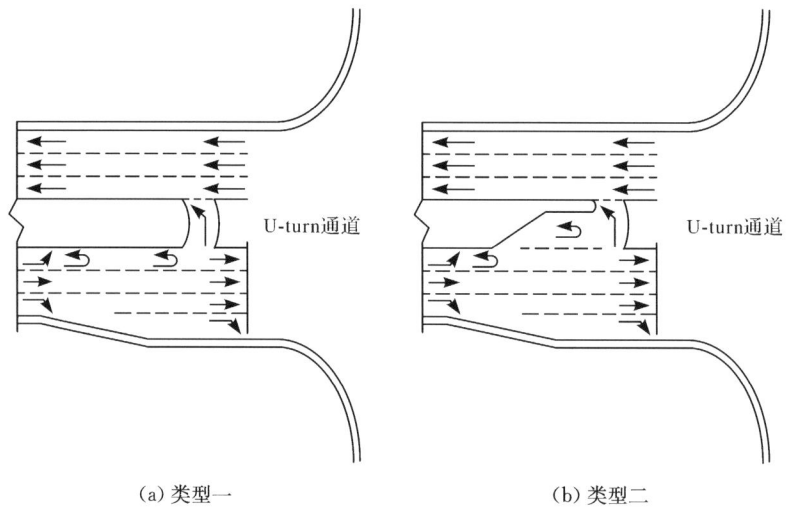

(a) 类型一　　　　　　　　　　　(b) 类型二

图 5-29　下游信号交叉口 U 形转弯设计

2. U 形转弯设置条件

(1) 交通流条件。U 形转弯组织方式要在交叉口左转需求适当的条件下应用。一般情况下在交叉口左转流量较大时，需要设置专用左转相位来解决左转车流的转弯需求；在左转流量较小时，左转车流可以在直行车流到达前通过交叉口，不需要专门的渠化方法来解决左转车流的转弯需求。当交叉口左转车流在以上两种情况之间时，可以考虑应用 U 形转弯组织方式。

(2) 道路条件。相交道路在路网中的重要程度需要有一定的差异，一般为主路和支路相交路口;主路横断面至少为双向4车道,建议为双向6车道以上。此外,中央分隔带应具备一定的宽度。

(3) 中央分隔带宽度。U 形转弯的极小设计需要保证中央分隔带的宽度能使车辆进行 U 形转弯时不用倒车。典型的车辆 U 形转弯及适合这些转弯需要的中央分隔带的宽度见表 5-9。决定一条干道能否实施 U 形转弯最关键的影响因素是该路段中央分隔带宽度和道路宽度是否能够满足掉头车辆的需求。

表 5-9　双向 4 车道道路 U 形转弯所需中央分隔带的最小宽度

运行类型	中央分隔带最小宽度 M/m	设计车类型				
		小客车	中型半挂车	载重汽车	公共汽车	大型半挂车
内侧车道至内侧车道		10	18	20	21	22
内侧车道至外侧车道		6	15	16	17	18
内侧车道至内路肩		3	12	13	14	15

根据表 5-9 所示,美国国家公路和运输协会对路段掉头与中央分隔带及道路宽度之间的关系做出如下规定:

① 路段中央分隔带的最小宽度要大于表 5-9 中规定的宽度。

② 要在最少双向 4 车道的路段上才可以考虑路段 U 形转弯组织方式。

③ 在不同路段条件下,中央分隔带宽度为 3~6m。

④ 在路段上要实施 U 形转弯组织方式,最少需要 12.7m 的宽度(中央分隔带 1.2m,机动车道宽 10m,非机动车道宽 1.5m)。

⑤ 在中央分隔带宽 4.3m、单向机动车道宽 7.9m 的路段上可以实施路段 U 形转弯组织方式。

⑥ 在中央分隔带宽 6~7m、机动车道宽 9~11m 的双向 4 车道上可以实施路段 U 形转弯组织方式。

由于中国道路的中央分隔带普遍较窄,上面所述美国的设计规范仅作为参考,在实际工程应用尤其是城市道路设计中由于交通组成以小汽车为主,一般满足中央分隔带 4.2m 以上即可设置车辆 U 形转弯的掉头口。

3. 设计要素

(1) 开口位置。U 形转弯掉头点选址规划,即中央分隔带开口布局规划,需要兼顾安全与效率,因此,可以参考国外相关规范,由开口最小间距标准拟定开口位置,保证行车安全性;再结合临近路口的相位差设计对布局方案进行优化,能显著提高交通运行效率。

表 5-10 为 U 形转弯最小偏置长度的建议值。该建议值基于国外的研究,虽然具有参考价值,但是否完全适用于中国的情况还需实践检验。

表 5-10 U 形转弯最小偏置长度建议值

U 形转弯位置	主路车道数	最小偏置长度/ft	最小偏置长度/m
中央分隔带开口	4	400	125
	≥6	500	155
相邻信号交叉口	4	550	170
	≥6	750	230

注:英制到公制的转换中,精确至 5m。

(2) 开口端部设计。对于为 U 形转弯服务的中央分隔带开口,应设计为弹头形端部(三心复曲线),构成弹头形端部而且适合所有 U 形转弯的中央分隔带开口和所有设计车辆的三心复曲线见表 5-11。

表 5-11 中央分隔带宽度与三心复曲线半径

中央分隔带宽度 W/m	三心复曲线半径/m
≤9	$15-0.06W-15$
9~18	$23-0.06W-23$
18~24	$36-0.06W-36$

(3) 开口长度设计。对于设置于路段中的专用调头口,其调头口的开口长度为 5.5m 便可满足使用;对于设置于路段中的混用调头口、开口于路口机动车停止线之后的混用、专用调头口以及将调头等待区域设置于左转等待区域之后的调头口,其调头口的开口长度为 7.0m。

5.6 转弯车道的设计

5.6.1 转弯车道设计方法

交叉口转弯车道设计的内容主要包括左转专用车道、左转减速车道、左转加速车道、左转偏置车道、右转专用车道、右转减速车道、右转加速车道和右转偏置车道等。

1. 左转专用车道

(1) 设置条件。对象进口道的左转交通量和反向进口道的总交通量是影响对象进口道内被左转车辆阻碍直行车比例的最重要因素。对象进口道的左转交通量和反向进口道的总交通量越大,对象进口道内被左转车辆阻碍的直行车比例越高,越有必要设置左转专用车道。在信号交叉口,信号灯的绿信比也是影响因素,绿信比越小,越有必要设置左转专用车道。具体的左转专用车道交通量设置条件见表 5-12 和表 5-13。

表 5-12　无信号交叉口左转专用车道设置交通量标准

反向进口道交通量 /(pcu/h)	对象进口道交通量/(pcu/h)			
	5%左转	10%左转	20%左转	30%左转
≤60km/h				
800	360	300	205	175
600	440	310	230	180
400	500	370	320	260
200	680	520	410	340
100	800	660	415	355
≥80km/h				
800	270	240	185	180
600	360	250	230	210
400	440	310	245	225
200	590	430	290	285
100	640	465	350	305

表 5-13　信号交叉口左转专用车道设置交通量标准

反向进口道交通量 /(pcu/h)	对象进口道交通量/(pcu/h)			
	绿信比 0.2	绿信比 0.4	绿信比 0.6	绿信比 0.8
10%左转				
200	135	575	960	1135
400	125	290	565	795
600	90	185	295	605
800	90	130	220	360
1000	90	105	130	200
1200	85	95	100	155

续表

反向进口道交通量/(pcu/h)	对象进口道交通量/(pcu/h)			
	绿信比 0.2	绿信比 0.4	绿信比 0.6	绿信比 0.8
20%左转				
200	75	330	700	960
400	70	135	420	780
600	70	105	145	475
800	55	85	80	170
1000	55	60	80	105
1200	50	60	75	100
30%左转				
200	65	325	715	895
400	65	95	390	685
600	65	75	165	490
800	65	75	70	135
1000	50	55	55	65
1200	50	55	50	65

无信号交叉口中,对象进口道交通量越大,左转比例越高,反向进口道交通量越大,越有必要在对象进口道内设置左转专用车道。例如,设计速度小于60km/h的交叉口,对象进口道左转比例为10%,反向进口道交通量为400pcu,则由表5-12可知,对象进口道交通量大于370pcu就需要在对象进口道设置左转专用车道。信号交叉口中,对象进口道交通量越大,左转比例越高,绿信比越低,反向进口道交通量越大,越有必要在对象进口道内设置左转专用车道。例如,对象进口道左转比例为20%,绿信比为0.4,对象进口道交通量为120pcu,则由表5-13可知,反向进口道交通量大于600pcu就需要在对象进口道设置左转专用车道。

(2)设计要求。建议左转专用车道的长度与相邻直行车道的长度保持一致;考虑减速长度加上两个车长的排队长度,如果实际情况中平均排队长度超过3辆,则建议设置左转减速车道。

2. 左转减速车道

当交叉口进口道左转流量较大,左转与直行或左转与对向直行车流冲突较多时考虑设置左转减速车道(图5-30)。左转减速车道长度包括渐变段长度、减速长度和等待长度。

(1)具体设置条件。满足以下条件的交叉口建议设置左转减速车道:交通量

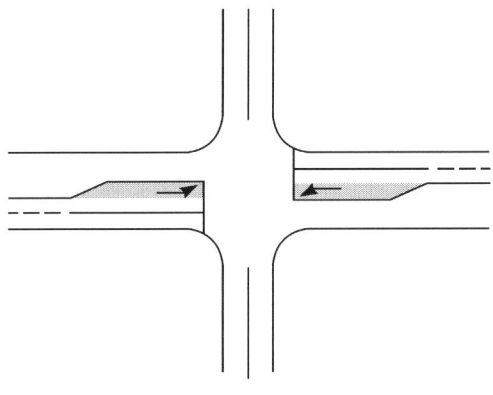

图 5-30 左转减速车道

满足左转专用车道设置条件的信号交叉口、停让控制交叉口和全路停车让行控制交叉口建议设置左转减速车道;交通量远大于设置左转专用道交通量条件的无信号交叉口建议设置左转减速车道;运行速度大于 75km/h 的无信号交叉口建议设置左转减速车道。

(2)车道长度计算。减速车道的长度计算基于分段减速的假设:车辆在渐变段用发动机减速约 3s,减速度为 a_1;在减速段用制动器减速,减速度为 a_2;a_2 大约为 a_1 的 2 倍。通过借鉴中国车辆减速性能的相关指标,可以认为车辆发动机减速度为 2.5m/s^2,制动器减速度为 5.0m/s^2。交叉口范围内左转车辆的运行速度一般为设计速度的 70%,因此以道路设计速度的 70% 作为减速时的初速度。根据交叉口控制方式和交通量的不同,排队长度随之变化。左转减速车道长度设计的建议值见表 5-14,如果左转减速车道内车辆排队长度超过 100m 时,则建议设置双左转车道。

表 5-14 左转减速车道长度值

设计速度 /(km/h)	左转速度 /(km/h)	渐变段(发动机减速 3s,$a=-2.5\text{m/s}^2$)	减速段(制动器减速 $a=-5.0\text{m/s}^2$)	排队长度 Q /m	总长度 /m
100	70	50	15	—	65+Q
80	56	40	10		50+Q
60	42	25	5		30+Q
40	28	15	5		20+Q

3. 左转加速车道

为避免左转车辆对左转进入车道内直行车流的影响(速度差异而造成的潜在追尾事故等),应考虑设置左转加速车道(图 5-31)。该类车道适用于中央分隔带较宽的进口道。左转加速车道长度包括加速长度、等待长度和渐变段长度。

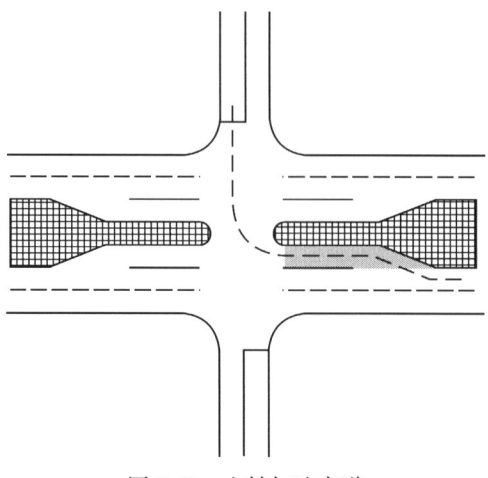

图 5-31 左转加速车道

(1) 具体设置条件。当道路直行交通量很大时,建议在该道路设置左转加速车道;没有足够间隙来完成左转运行的停让控制交叉口,建议设置左转加速车道;设计速度大于 75km/h 的无信号交叉口,建议设置左转加速车道。

(2) 长度计算。借鉴中国车辆加速性能的相关指标,可以认为车辆离开交叉口后的加速度为 $2.5 m/s^2$。加速车道长度计算需考虑等待长度,即当车辆加速完成时需要等待合适的间隙以汇入直行车流,该长度大约为正常车速乘以 3s 的等待时间。左转加速车道长度建议值见表 5-15。

表 5-15　左转加速车道长度值

设计速度/(km/h)	渐变段长度/m	加速长度/m	总长度/m
100	60	180	240
80	50	120	170
60	40	70	110
40	30	30	60

4. 左转偏置车道

为避免由于视距不足造成的左转车流与对向直行车流的潜在冲突,以及由于几何设计问题造成的与对向左转车流的潜在冲突,考虑设置左转偏置车道(图 5-32)。车道长度计算等同左转减速车道长度计算。

5. 右转专用车道

(1) 设置条件。不同于左转专用车道,速度和交通控制方式对右转专用车道

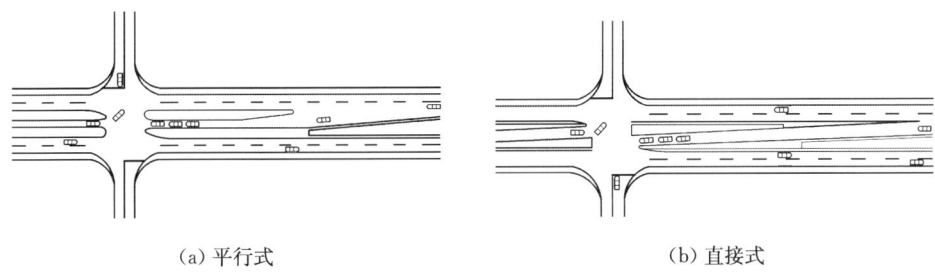

(a) 平行式　　　　　　　　　　　(b) 直接式

图 5-32　左转偏置车道

的设置标准影响不大。进口道右转交通量和左转与直行交通量是影响右转专用车道设置的主要因素，交通量越大，越有必要设置右转专用车道。具体的右转专用车道交通量设置条件见表 5-16。对向进口道右转交通量越大，左转和直行交通量越大，越有必要在对向进口道内设置右转专用车道。例如，对向进口道左转和直行交通量为 600pcu，则由表 5-16 可知，只要对向进口道右转交通量大于 20pcu 就需要在对向进口道设置右转专用车道。

表 5-16　交叉口右转专用车道设置交通量标准

对象进口道直行和左转交通量/(pcu/h)	100	200	400	600	800
对象进口道右转交通量/(pcu/h)	100	85	55	20	10

（2）设计要求。建议右转专用车道的长度与相邻直行车道长度保持一致；考虑减速长度加上两个车长的排队长度；如果实际情况中平均排队长度超过 3 辆，则建议设置右转减速车道。

6. 右转减速车道

交通量大、运行速度高的交叉口进口道考虑设置右转减速车道（图 5-33），可以减少潜在追尾事故。右转减速车道长度包括渐变段长度、减速长度和等待长度。

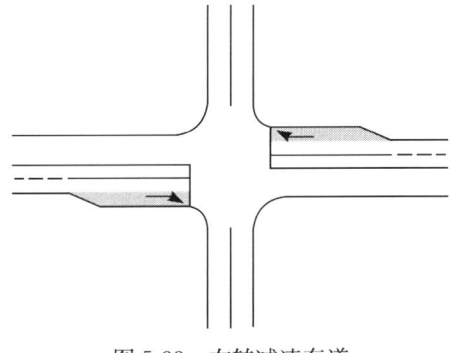

图 5-33　右转减速车道

(1) 设置条件。交通量满足右转专用车道设置条件的信号交叉口、停让控制交叉口和全路停车让行控制交叉口建议设置右转减速车道；交通量远大于设置右转专用道交通量条件的无信号交叉口建议设置右转减速车道；车速大于75km/h的无信号交叉口建议设置右转减速车道。

(2) 设计要求。《公路路线设计规范》(JTG D20—2006)要求，交叉口主要道路减速度为$2.5m/s^2$，次要道路减速度为$3.0m/s^2$。通过借鉴中国车辆减速性能的相关指标，可以认为车辆发动机减速度为$2.5m/s^2$、制动器减速度为$5.0m/s^2$。交叉口范围内右转车辆的运行速度一般为设计速度的70%，因此以道路设计速度的70%作为减速时的初速度。根据控制方式和交通量不同，排队长度随之变化。右转减速车道长度设计的建议值见表5-17，如果右转减速车道内车辆排队长度超过100m，则建议设置双右转车道。

表5-17　右转减速车道长度值

设计速度/(km/h)	右转速度/(km/h)	渐变段(发动机减速3s,$a=-2.5$)	减速段(制动器减速$a=-5.0$)	排队长度Q/m	总长度/m
100	70	50	15	—	$65+Q$
80	56	40	10		$50+Q$
60	42	25	5		$30+Q$
40	28	15	5		$20+Q$

7. 右转加速车道

为避免右转车辆对直行车流的影响，可考虑设置右转加速车道(图5-34)。右转加速车道长度包括加速长度、等待长度和渐变段长度。

(1) 设置条件。当道路直行交通量很大时，建议设置右转加速车道；没有足够间隙来完成右转运行的停让控制交叉口，建议设置右转加速车道；设计速度大于65km/h的无信号交叉口，建议设置右转加速车道。

(2) 设计要求。右转加速车道长度计算等同于左转加速车道。

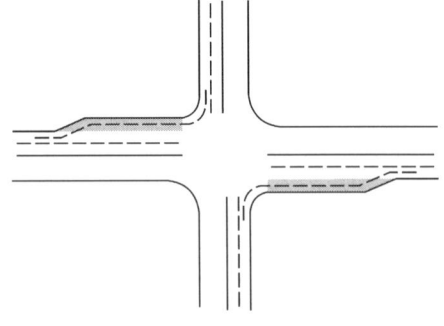

图5-34　右转加速车道

8. 右转偏置车道

为避免主路右转车道对次路车辆的不利影响(由于视距问题产生的相互冲突),考虑设置右转偏置车道(图 5-35)。车道长度计算同右转减速车道。

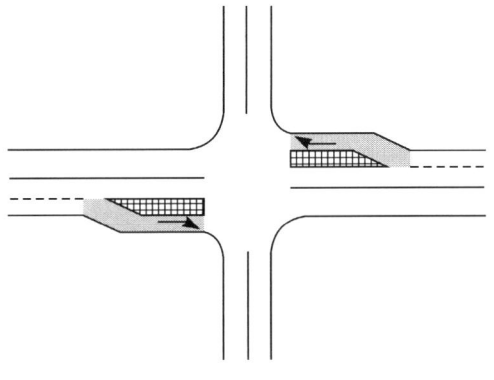

图 5-35 平行式右转偏置车道

5.6.2 转弯车道控制因素

1. 主线偏移的左转车道

为了设置左转车道而将直行车道偏移时,直行车仍然以设计速度行驶,滑行长 L_t(图 5-36、图 5-37),根据不同的设计速度滑行长度有所不同,取值应选表 5-18 "计算式 A"栏计中计算的值以及"最小值 B"栏中的值中较大者。这些值是设计上的标准值,车辆偏移时滑行应该更加缓慢,这样才容易被驾驶员接受,也可以考虑利用地形和其他条件让车辆尽可能地滑行。

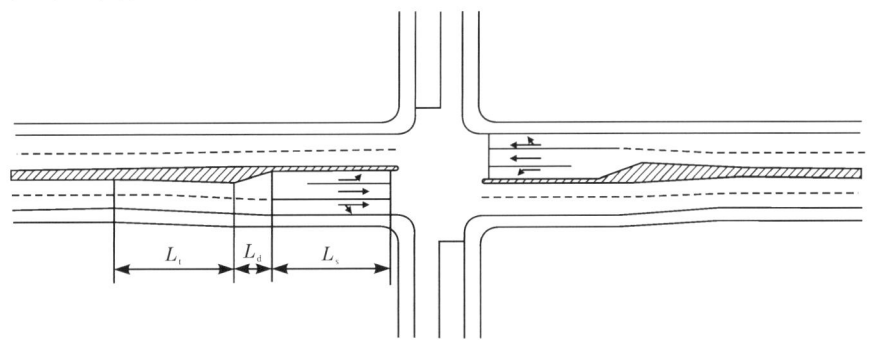

图 5-36 主道偏移时的滑行长

L_t.滑行长度;L_d.渐变段长度;L_s.有效停车长度

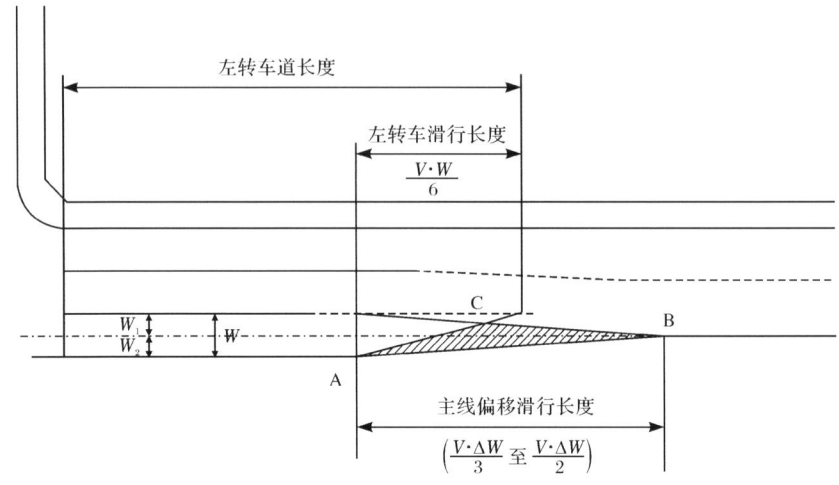

图 5-37 主道偏移和渐变段重叠的方式

$\Delta W = \mathrm{Max}(\Delta W_1, \Delta W_2)$；$\Delta W_1$. 车道中线的偏移距离；
ΔW_2. 车道边界线的偏移距离；W. 左转车道的宽度；
V. 速度(km/h)；ΔW. 主线横向偏移量(m)

表 5-18 主道偏移的区间长

设计速度/(km/h)	计算式 A	最小值 B
100	$\dfrac{V \cdot \Delta W}{2}$	110
80		85
60		60
40	$\dfrac{V \cdot \Delta W}{3}$	35
30		30
20		25

注：最小值计算精确至5m。

2. 左转车道的平面布置

设置左转车道时,如图 5-38(a)所示,车辆行驶过程中应该通过侧向移动行驶到左转专用道上。仅通过采用路面标线来分配各车道的功能,在实际使用时效果并不好[图 5-38(b)、(c)]。

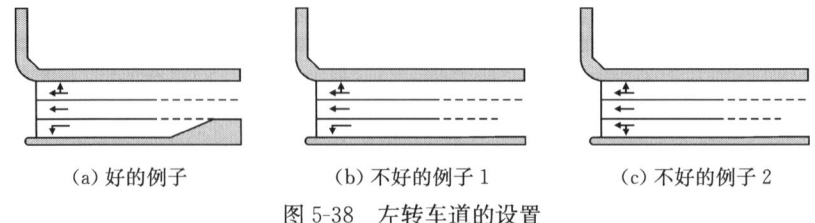

(a) 好的例子　　　　(b) 不好的例子1　　　　(c) 不好的例子2

图 5-38 左转车道的设置

3. 两车道以上的左转车道

左转交通量特别多，需要设计两车道以上的左转车道时，一个左转车道排队所必要的长度 L_5，根据左转车道数 n 缩小为 L_5/n。设计这种多车道的左转车道，特别要注意与对向直行车辆的分离和中央分隔带的设置。在进行信号配时时，左转交通流必须从直行交通中分离，给予单独的相位，减少左转与直行的相互干扰。相对于右转车辆来讲，双向道路的路缘石半径对于左转车辆的影响较小。在主干道宽度相当于 4 条或更多车道的地方，一般左转车辆不会侵占相邻车道。

（1）新建交叉口。不管是在城市还是在乡村，要新建一个交叉口必须在充分考虑周边地域、交叉口道路和沿线土地的利用等后才可预测左转交通量。一般来讲，预测结果的精度都比较低。新建交叉口开始使用后，针对整体的交通状况，需进行规划设计上的修正。左转车道长度是否合适，是一个重要的判断因素。最好根据实际需要并留有一定的预留空间。

（2）已建交叉口。在没有左转车道的已建交叉口上，新建左转车道时通常有两种情形：一种是能够进行交叉口拓宽设计；另一种是周围建筑物密集，增加宽度有困难。能够增加宽度的，只需增加设置左转车道的必要宽度。增加宽度有困难的，在有限的空间中如何产生左转车道是设计的要点。一般构成道路的要素可以按照以下顺序进行空间利用，即利用中央分隔带、缩小路肩宽度、缩小车道宽度、利用两侧绿化带。但是这种顺序并非绝对，在实际使用时要针对地域特性和道路状况进行设计。在上述顺序中，缩小路肩宽度排在中央分隔带之后是因为：在交叉口附近路肩被行人和非机动车利用的也很多，这时，必须确保平面交叉口的路肩宽度和路段部分的路肩宽度一样。另外，通过减少中央分隔带的宽度来设置左转专用道时，分离左转车道和对向车道的中央分隔带的宽度要保证在 0.5m 以上，最好在隔离物两侧使用标线等方法，以便更加明确地进行区分。

4. 右转车道的尺寸设计

交叉口中转弯车道的宽度是由转弯车辆的交通量以及交叉口中所容纳车辆的类型决定的。在大多数情况下，转弯车道的设计由右转交通来控制，右转车道的宽度也可以用于交叉口中的其他车道。

（1）利用车辆行驶轨迹确定最小设计半径。例如，在没有渠化的交叉口内，转弯半径值应该以设计车辆的最小转弯半径为标准。车辆的转弯宽度取车速小于或等于 15km/h 时的最小转弯半径，并且略比每一种设计车辆所代表的最小转弯宽度大，从而为保持驾驶的连续性提供一定的偏离余地。行驶轨迹边缘最小半径取值见表 5-19。

表 5-19 行驶轨迹边缘的最小半径

转弯角度/(°)	设计车辆	单曲线半径/m	有渐变段时单曲线半径			复曲线/m		复曲线/m	
			半径/m	偏移量/m	渐变率	半径/m	均匀偏移/m	半径/m	不均匀偏移/m
30	小客车	18	—	—	—	—	—	—	—
	载重车	30	—	—	—	—	—	—	—
	鞍式列车	60	—	—	—	—	—	—	—
45	小客车	15	—	—	—	—	—	—	—
	载重车	23	—	—	—	—	—	—	—
	鞍式列车	53	36	0.6	15∶1	60-30-60	1.0	—	—
60	小客车	12	—	—	—	—	—	—	—
	载重车	18	—	—	—	—	—	—	—
	鞍式列车	45	29	1.0	15∶1	60-23-60	1.7	60-23-84	0.6～3.0
75	小客车	11	8	0.6	10∶1	30-8-30	0.6	—	—
	载重车	17	14	0.6	10∶1	36-14-36	0.6	—	—
	鞍式列车	—	20	1.0	15∶1	45-15-45	2.0	45-15-69	0.6～3.0
90	小客车	9	6	0.8	10∶1	30-6-30	0.8	—	—
	载重车	15	12	0.6	10∶1	36-12-36	0.6	—	—
	鞍式列车	—	18	1.2	15∶1	55-18-55	2.0	—	—
105	小客车	—	6	0.8	8∶1	30-6-30	0.8	—	—
	载重车	—	11	1.0	10∶1	30-11-30	1.0	—	—
	鞍式列车	—	17	1.2	15∶1	55-14-55	2.5	45-12-64	0.6～3.0
120	小客车	—	6	0.6	10∶1	30-6-30	0.6	—	—
	载重车	—	9	1.0	10∶1	30-9-30	1.0	—	—
	鞍式列车	—	14	1.2	15∶1	55-12-55	2.6	45-11-67	0.6～3.6
135	小客车	—	6	0.5	10∶1	30-6-30	0.5	—	—
	载重车	—	9	1.0	10∶1	30-9-30	1.2	—	—
	鞍式列车	—	12	2.0	15∶1	48-11-48	2.7	40-9-56	1.0～4.3
150	小客车	—	6	0.6	10∶1	23-6-23	0.6	—	—
	载重车	—	9	1.2	8∶1	30-9-30	1.2	—	—
	鞍式列车	—	11	2.1	6∶1	48-11-48	2.1	36-9-55	1.0～4.3
180	小客车	—	5	0.2	20∶1	15-5-15	0.2	—	—
	载重车	—	9	0.5	10∶1	30-9-30	0.5	—	—
	鞍式列车	—	8	3.0	5∶1	40-8-40	3.0	—	—

在进行这种设计时,假设设计车辆正好能在转弯车道之内而不侵占主路车道。设计车辆内轮左右转时的差别不是很明显,所以在设计中不予太多的考虑,在车辆左转时也可以考虑这种设计。当复合曲线的起始或末端包含平曲线时,设计应该根据实际情况相应做出调整。在这些特殊的地形条件下,最好的方法就是根据交叉口的设计图选择合适的设计车辆进行检查,判断是否能满足要求。最小设计适合于低速转弯、低转向交通量以及靠近城市核心地区地产价格较高的地方。在高等级公路上可以提高半径的取值,从而让右转更加顺利快速。

在右转交通量比较低的交叉口,设计人员应分析是否需要一个加速的右转车道。在这种情况下,应当改进路肩的结构,以提高其承载能力,从而使右转车辆能很好地利用路肩来完成转向。而在右转交通量比较大的交叉口,应考虑能同时提供车辆加速和合理右转的车道。乡村地区,在设计右转车道时应考虑路肩宽度的设计。

(2) 右转车道的曲线设计。交叉口设计中很重要的部分就是设计能够使车辆自由转弯的右转车道。在进行右转减速车道设计时,形状和曲线长度应遵循以下原则:①避免驾驶员突然减速;②当曲率较大时可使用较大的曲线半径;③使车辆按照自然的轨迹行驶,如复合曲线就能很好地使车辆行驶舒适顺畅。右转的转弯分车道自由车流的设计车速在右转减速车道的末端和中部之间发生变化,设计速度应该等于或小于直行车道设计速度(20~30km/h)。尽管经验上在条件受限制地区使用设计车速的中值来设计,但是交叉口的转弯分车道最理想的状况应该使用设计车速的上限来设计。

(3) 路缘石半径的影响。对于主干道的设计,满足车辆行驶的半径应该与行人的需要、获得道路红线的难易程度或拐角的后退相平衡。人行横道的长度、道路红线或转角后移,要随着路缘回转半径的增大而增加。由于转弯半径值通常是折中值,因此其对行人和车辆转向的作用应该同时进行检验。可在设计中考虑以下内容:4.5~7.5m的半径对于小客车来说已经足够,在货车穿越机会少的次要道路上或设有停车线的交叉口使用;半径≥7.5m的设计,应该在次要道路空间允许的地方使用;半径≥9m的设计,应该在次要道路可行的地方使用,以便只有少量货车在转向时会侵占其他车道空间;半径≥12m的设计,在货车及公交车经常转弯的地方使用,应该采用复曲线或带有渐变段的单曲线。在设计时不能很好达到减速的目的时,应该考虑设置更长的半径。路缘石半径应该与人行横道距离相一致,或者针对行人应该进行专门的设计,以保证人行横道的使用效率。

5.6.3 间接左转车道

当交叉口进口道禁止主路左转进入接入道路时,考虑设置接入道路间接左转车道,为左转车辆提供一个等待左转的停储地点(图 5-39),或者当交叉口进口道允许主路车辆左转,但由于路段中央分隔带宽度太小,不足以设置偏置左转车道,特别当直行交通量较大时,左转车辆进入接入道路较困难,此种情况下也可考虑设置间接左转车道。

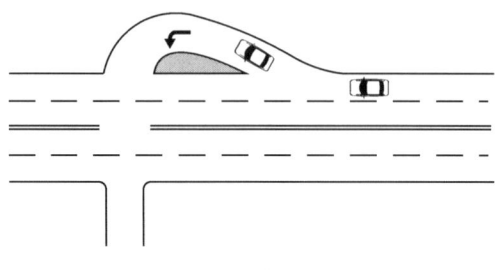

图 5-39　接入道路间接左转车道

参 考 文 献

[1] Committee on Access Management. Access Management Manual[M]. Washington DC: Transportation Research Board,2003.
[2] 陆键,张国强,项乔君,等.公路平面交叉口交通安全设计理论与方法[M].北京:科学出版社,2008.

第6章 弱势群体安全保护设施

中国有典型的混合交通模式,行人(含骑自行车者、骑摩托车者)在其中所占比例相当高,近60%,而行人、骑自行车和摩托车者都是弱势群体[1]。弱势群体保护设计是中央分隔带开口几何安全设计中的一个重要方面。设计内容主要包括人行道、非机动车道、人行横道、人行视距、中央分隔带、侧分带和行人安全岛。这里主要以交叉口为例说明弱势群体安全保护设施的设计;对于路段上的中央分隔带开口,可以借鉴其思想和方法设计弱势群体安全保护设施[2,3]。

6.1 人 行 道

人行道的设置对交通安全的作用很大,其限定行人的活动范围;而且人行道高出路面,机动车和非机动车不能驶入人行道,这很大程度上避免了人-车碰撞事故(图6-1)。

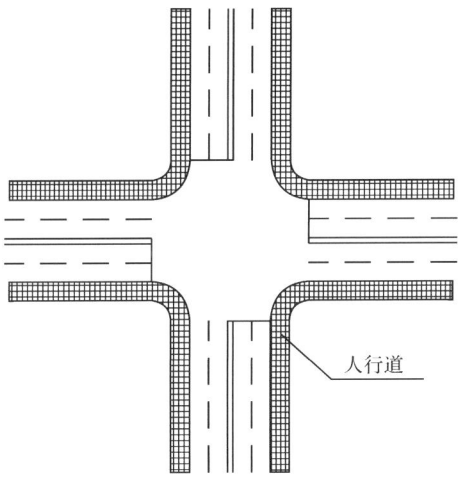

图6-1 交叉口人行道示意图

6.1.1 人行道设置条件

人行道设置条件主要包括:交叉口位于城镇或城郊,路侧行人对道路运行的影响较大,建议设置人行道;交叉道路为具集散功能的道路,路侧行人对道路运行的影响较大,建议设置人行道;交叉口附近存在学校、工厂、居民区、集市或商业区等,行人交通量大并且出行时间较集中,建议设置人行道。

6.1.2 人行道设计要求

(1) 按照人行道最小同时容纳2人并排行走的要求,人行道的最小建议宽度为1.8m(2×0.9m,0.9m为一人的侧宽)。在道路宽度条件不能满足该要求的情况下,最小人行道宽度不得小于1.2m。如果交叉口周围存在学校或商业区,人行道宽度要求增加至2.4m。

(2) 人行道的长度一般延伸至下一个交叉口,或者只要能够覆盖交叉口周围行人频繁活动的区域,对于公路交叉口,建议人行道的最小长度为交叉口功能区长度乘以安全系数1.5。

(3) 当人行道在交叉口内与人行横道相连接时,人行道内要设置坡道,以平顺连接行人过街(图6-2)。

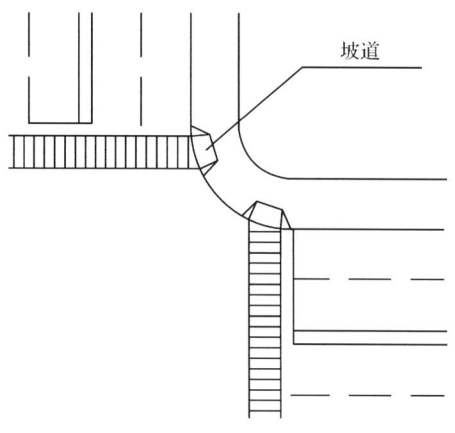

图6-2 人行道坡道

(4) 当道路条件不能满足人行道的设置时,可用路肩代替人行道,其宽度满足人行道宽度,路肩为硬路肩。

6.1.3 人行道交叉口转角设计

1. 确保行人等滞留空间

平面交叉口是道路相互交错的点,所以会发生行人和非机动车的交叉运行。这些行人和非机动车在穿越马路时,由于等待信号等情况产生等待,在这种状况下,必须确保原来人行道(非机动车、行人共用道等)的通行功能。如果这些空间不能保证,就会发生行人在人行道外等待过马路的情况,这是非常危险的。另外,在交叉口附近设置公共设施的地方，设施配置空间及设施设置后步行空间的保证也是非常重要的。在平面交叉口，分析地域特性，以及行人、非机动车交通量等，确保必须的滞留空间；考虑到安全性和顺畅性都非常重要，必须设计相应的切角。

2. 切线长的计算

根据设计车辆右转的通行方法来确定切角。如图 6-3 所示，取导流路内侧的曲线 $ABB'A'$，然后绘制相对于曲线 $ABB'A'$ 最小 50cm 左右间距的人行道路缘石的边缘线（曲线 A_1A_1'）。设置方法有单圆和平行于导流路的三心圆。设置单圆时，为避免小型车在宽的导流路上并行对行人造成影响，必须保证人行道和右转导流路之间存在一些空间，因为该方法比较容易在现场设置，所以采用地较多。采用三心圆法设置时，虽然在现场设置上比较花费人工，但是在构造上比较有利。在进行人行道边缘线设计时，需要根据现场情况，分别使用上述两种方法进行判断。

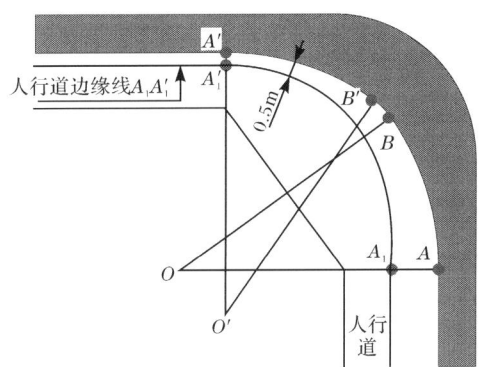

图 6-3　车辆占用宽度和人行道路缘石的边缘示意图

如图 6-4 所示，延长边缘线直线部分相交于点 O，根据人行道的宽度 W_1 和 W_2 分别作 OA_1 和 OA_1' 的平行线 $O'C$ 和 $O'C'$（直线相交于 O'），连接切点 A_1 和人行道边缘线曲线段圆心 P 与 $O'C$ 相交于 C，在直线 $O'C'$ 上取 $\overline{O'C}=\overline{O'C'}$，确定点 C'。在图 6-4 中，$\theta=\angle A_1OA_1'=\angle CO'C'$，假定 $W_1 \geqslant W_2$，人行道的路缘石边缘半径（切角半径）为 R（$\overline{PA_1}=\overline{PA_1'}=R$）。

$$\overline{OA_1}=\frac{R}{\tan\dfrac{\theta}{2}} \tag{6-1}$$

另外

$$\overline{OA_1}=\overline{O'C}+\frac{W_2}{\sin\theta}+\frac{W_1}{\tan\theta} \tag{6-2}$$

由此可得

$$\overline{O'C} = \frac{R}{\tan\dfrac{\theta}{2}} - \frac{W_1}{\tan\theta} - \frac{W_2}{\tan\theta} \quad (6\text{-}3)$$

由于$\overline{O'C} = \overline{O'C'}$，切线长$\overline{C'C}$可由式(6-4)求得

$$\overline{C'C} = 2\overline{O'C}\sin\frac{\theta}{2} = 2\sin\frac{\theta}{2}\left[\frac{R}{\tan\dfrac{\theta}{2}} - \frac{W_1}{\tan\theta} - \frac{W_2}{\sin\theta}\right] \quad (6\text{-}4)$$

切线长和道路的交角会随着人行道的宽度、设计车辆、通行方法发生的变化而变化。最好对每个交叉口都分析行人和非机动车的集中空间。但是，对于出口道为两车道，道路宽度狭窄的，出口道降低一个等级后研究切线长。这个标准值是针对一般情况的标准值，那么对于左右转交通量的场合、必须考虑除雪空间的场合、道路的交角远远不是 90°的场合等特殊情形，应该针对其特殊性，做个别研究。

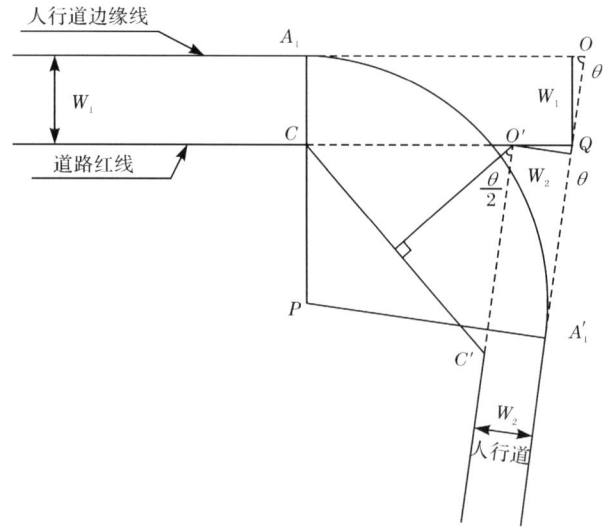

图 6-4 人行道路缘石的边缘和切角

6.2 人行横道

在平面交叉口中，行人交通上的重要设计要素之一就是人行横道，其设计是否优良会影响几何构造的整体设计。人行横道是平面交叉口规划设计的枢纽之一。交叉口设置人行横道，明确行人过街地点并为其提供保护，同时提示机动车

避让行人,有效减少人-车碰撞。

6.2.1 基本原则

人行横道的设置要尽量减少行人的暴露时间,有效方法是减小其长度。可以通过在交叉口处将两侧缘石或路肩向内延伸而达到减少人行横道长度的效果。另外,人行横道要有足够的宽度,以保证行人能够最快地通过。人行横道的设置需满足以下原则:需符合行人的自然流;将人行横道设置成与行车道垂直的形式;人行横道靠近交叉口的中心;人行横道设置在驾驶员容易识别的位置。

6.2.2 人行横道设置条件

满足以下条件时,交叉口应设置人行横道:所有信号交叉口,建议设置人行横道;位于城镇、城郊,行人过街交通量较大的非信号交叉口,建议设置人行横道;交叉道路为集散功能的道路,行人过街交通量较大的非信号交叉口,建议设置人行横道;交叉口附近有学校、工厂、居民区、集市等,行人过街交通量大并且出行时间较集中,建议设置人行横道。

6.2.3 人行横道设计要求

1. 人行横道位置

人行横道位置应平行于路段人行道的延长线并适当后退(图 6-5a),在右转机动车容易与行人发生冲突的交叉口,后退距离宜取 3~4m(图 6-5b)。人行横道的转角部分,长度应不小于小车的车身长 6.0m,并应设置护栏等隔离设施。有中央分隔带的道路,人行横道应设在分隔带端部向后 1~2m 处(图 6-5c)。机动车停车线应距离人行横道退后 2m 左右(图 6-5d)。

2. 人行横道的长度

人行横道的长度最好在 15m 以下,在这个数值以上时,考虑在中间设置安全岛,增加一次穿越的次数。进出口机动车车道总数达 6 条时,应在中间设置行人安全岛;新建交叉口行人安全岛宽度应大于 2.0m,改建、治理交叉口行人安全岛宽度应大于 1.0m。

3. 人行横道的宽度

人行横道的宽度与通过人行横道过街的行人人数有关,应该根据该平面交叉口的实际情况设定。但是对于每个平面交叉口,人行横道的宽度随着交通量变化而变化也是不现实的,原则上通常顺延干路的人行横道宽度不宜小于 5m,顺延支

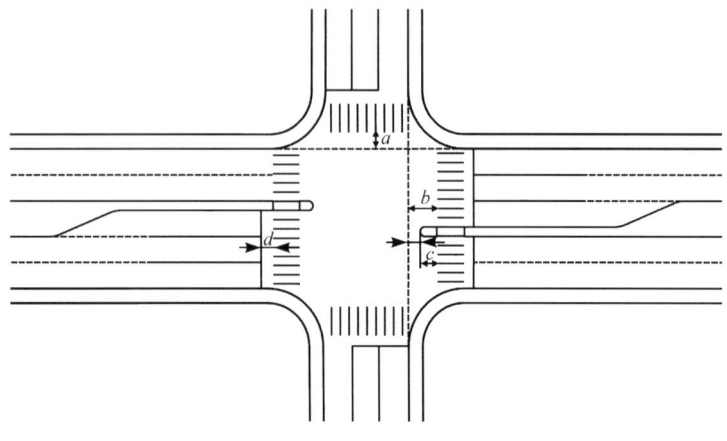

图 6-5 人行横道位置示意图

$a.1\sim2m$; $b.3\sim4m$; $c.1\sim2m$; $d.2m$

路的人行横道宽度不宜小于 3m,以 1m 为单位增减,最小也要使用 3m。

4. 行人视距的要求

行人视距是指行人在人行横道观察两侧的视野范围。行人视距能够确保行人在通过人行横道时看清两侧的车辆,做出及时地避让;它也能使司机在进入交叉口时看清过街的行人,及时做出反应。行人视距的主要障碍有中央分隔带与侧分带的绿化植被、各种广告牌及交叉口附近违章停车等。这些造成行人视距不足的原因须禁止和避免。建议人行横道外侧 15m 范围内不得有阻碍行人视距的障碍物,特别要禁止该区域的违章停车(图 6-6)。

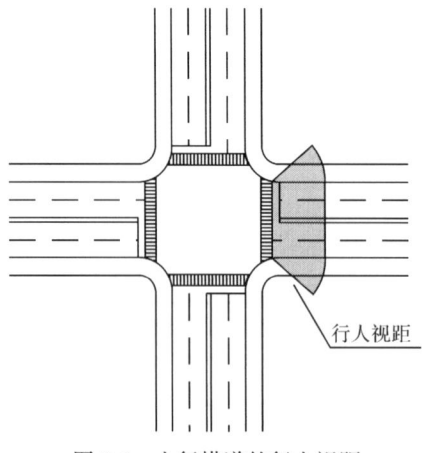

图 6-6 人行横道的行人视距

5. 设置缘石延伸

减小人行横道长度,减少行人暴露时间(图 6-7)。该设计可在交通量较小的支路实施,交通量较大的主路不宜实施,凸出缘石会对连续的机动车流产生不利影响。

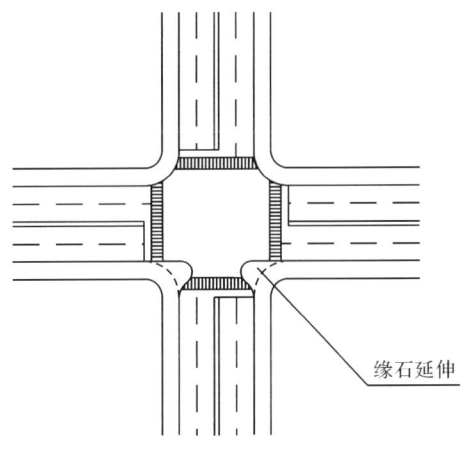

图 6-7 交叉口转角缘石延伸

6. 行人过街速度

根据行人过街速度计算行人绿灯相位,行人过街速度一般采用 1.2m/s,当行人中老人比例较大时采用 0.9m/s,残疾人采用 0.8m/s。

7. 特殊交叉口的处理

在斜交的交叉口,为了确保排队车道长度,以及交叉口的紧凑化用地制约,行人的过街时间略有增加。应优先考虑行人的安全,然后再考虑用地及右转车辆的排队。如图 6-8 所示的 Y 形交叉口,有必要考虑图 6-8(b)所示的人行横道的设置。另外,对于这种斜交叉口,应尽量让车辆行驶轨迹与人行横道线垂直,避免错综复杂的人行横道设置。T 形交叉口通常可以考虑如图 6-9 所示的人行横道的设置,根据交通量和行人人数的多少,可以考虑省略人行横道 A 或人行横道 B。

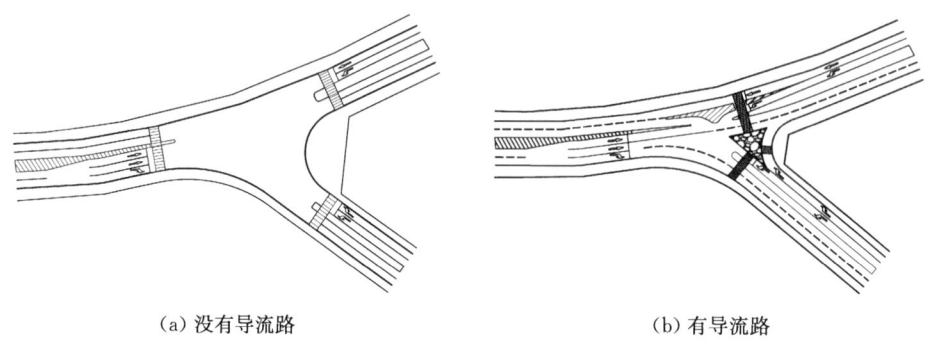

(a) 没有导流路　　　　　　　　　　　　(b) 有导流路

图 6-8　Y 形交叉口上的人行横道

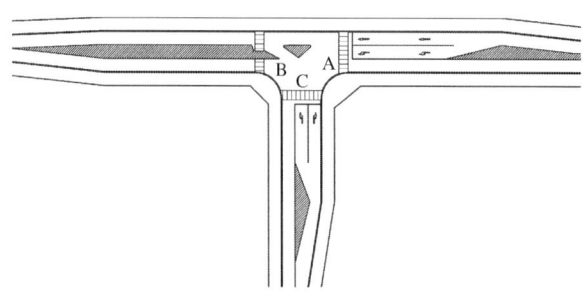

图 6-9　T 形交叉口上的人行横道

6.3　非机动车道

非机动车道的设置与人行道类似，它限定了非机动车的活动范围，避免了机非混行，很大程度上减少了机动车与非机动车之间的交通冲突(图 6-10)。

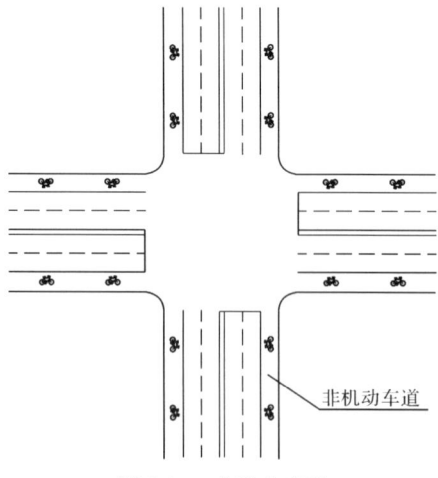

图 6-10　非机动车道

6.3.1 非机动车道设置条件

满足以下条件时,交叉口应设置非机动车道:交叉口位于城镇或城郊,路侧非机动车流对道路运行的影响较大,建议设置非机动车道;交叉道路为具集散功能的道路,路侧非机动车流对道路运行的影响较大,建议设置非机动车道;交叉口附近有学校、工厂、居民区、集市等,非机动车交通量大并且出行时间较集中,建议设置非机动车道。

6.3.2 非机动车道设计要求

(1) 建议非机动车道的最小宽度为 1.5m,不能满足要求的地点最小宽度不得小于 1.2m。

(2) 非机动车道一般应延伸至下一个交叉口,如果不能满足,则建议最小长度为交叉口功能区长度乘以安全系数 1.5。

(3) 当道路条件不能满足非机动车道的设置时,可用路肩代替非机动车道,其宽度满足非机动车道宽度,路肩为硬路肩。

6.4 中央分隔带

中央分隔带除了分隔对向车流外,在交叉口还有保护行人过街的作用。车道较多、路幅较宽的交叉口进口道一般应设置中央分隔带。

6.4.1 中央分隔带设置条件

(1) 设有人行道或自行车道的 4 车道道路,建议在交叉口功能区内设置局部中央分隔带以保护行人过街。

(2) 设计速度达到 80km/h 的 4 车道道路,建议在交叉口功能区内设置局部中央分隔带以保护行人过街。

(3) 大于等于 6 车道的道路,无论有无人行道或自行车道,建议在交叉口功能区内设置局部中央分隔带以保护行人过街。

6.4.2 设计要求

(1) 为了能容纳行人和自行车,建议中央分隔带的宽度不小于 2.4m,在道路条件受限的情况下,最小宽度不得小于 1.8m,已有的中央分隔带宽度不足时,在交叉口开口处进行加宽处理使其达到要求。

(2) 交叉口已设置中央分隔带的,在交叉口 70m 范围内禁止有任何开口,交叉口设置局部中央分隔带的,建议长度不小于 70m。

(3) 中央分隔带的前端需贴近人行横道的外侧，以有效保护行人。

(4) 设计速度大于 80km/h 的 6 车道以上道路，行人及自行车穿越道路存在较大风险，建议设置中央分隔带的前端保护（图 6-11）。

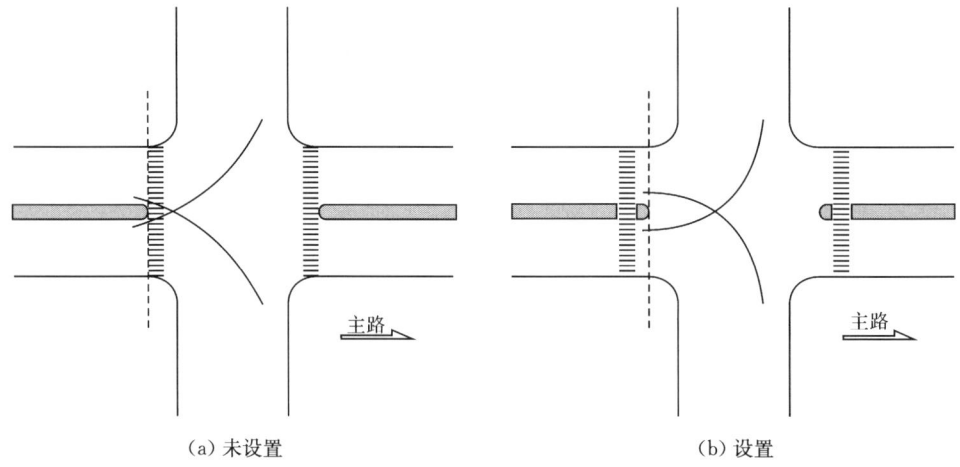

图 6-11　中央分隔带的前端保护

6.5　侧　分　带

侧分带是机非隔离的设施，能避免机动车与行人以及机动车与自行车的碰撞。

6.5.1　侧分带设置条件

当道路设有人行道或自行车车道，且行人和自行车对交叉口的运行有较大干扰，建议设置侧分带。

6.5.2　侧分带设计要求

(1) 设计车速大、等级高的道路建议设置土工侧分带，设计车速小、等级低的道路可设置分隔栅栏（图 6-12）。

(2) 交叉口范围的侧分带最小设计长度建议为交叉口功能区长度乘以安全系数 1.5。

(3) 侧分带虽然能减少机动车与行人以及机动车与自行车的碰撞，但是也增加了侧分带与车辆撞击的可能性。例如，停车线附近的右转驶出车辆在右转时容易与侧分带端部碰撞，左转驶入车辆在左转时也容易与侧分带端部碰撞（图 6-13）。碰撞的原因是侧分带端部过于靠近交叉口停车线，为避免类似碰撞的发生，建议将侧分带的端部设置在停车线之后，距离停车线两个车身，约 14m（图 6-13）。

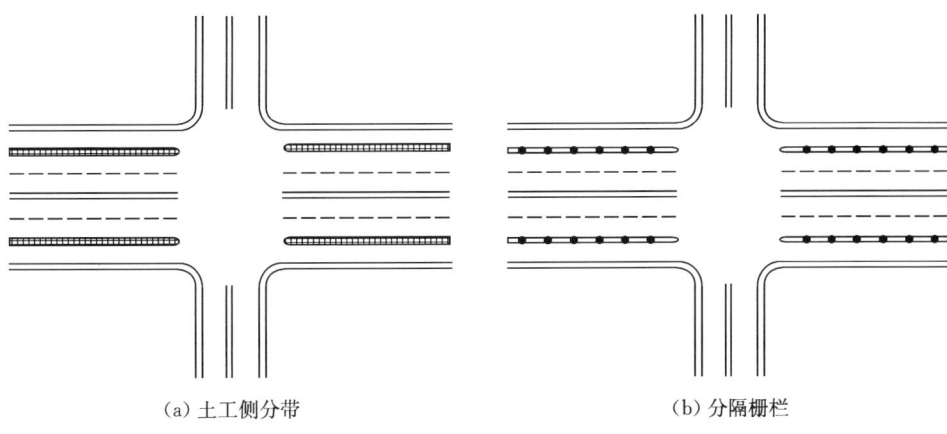

(a) 土工侧分带　　　　　　　　　　(b) 分隔栅栏

图 6-12　土工侧分带和分隔栅栏

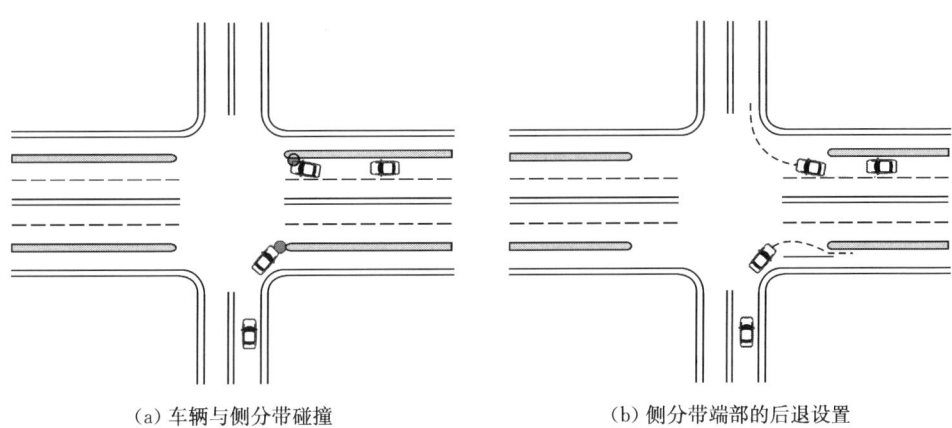

(a) 车辆与侧分带碰撞　　　　　　　(b) 侧分带端部的后退设置

图 6-13　侧分带端部处置

6.6　行人安全岛

行人安全岛又称为人行庇护岛,一般设置于大面积交叉口或形状不规则交叉口。在这些交叉口人行横道过长或过于倾斜,导致行人不能轻易通过,因此在交叉口内部设置若干行人安全岛,行人过街时可以得到有效保护。

6.6.1　行人安全岛设置条件

(1) 如果几何条件允许 4 车道道路可以设置行人安全岛,6 车道或 6 车道以上的道路建议设置行人安全岛。

(2) 相交角度小于 70°的两个进口道之间建议设置行人安全岛。

(3) 交叉口附近有开口允许行人过街,4 车道道路可以考虑设置行人安全岛,

6车道或6车道以上的道路建议设置行人安全岛。

6.6.2 行人安全岛设计要求

(1)行人安全岛的设置一般会与人行横道相连接[图6-14(a)]。

(2)4车道以上的交叉口,如果功能区内的进口道上存在开口,且有行人穿越,建议设置进口道内的行人安全岛。设计最小长度为4m,最小宽度为1.5m,最小面积为6m^2。但当进口道速度超过60km/h时,需谨慎设置行人安全岛,必要时可增设警告标志或设置成标线式行人安全岛[图6-14(b)]。

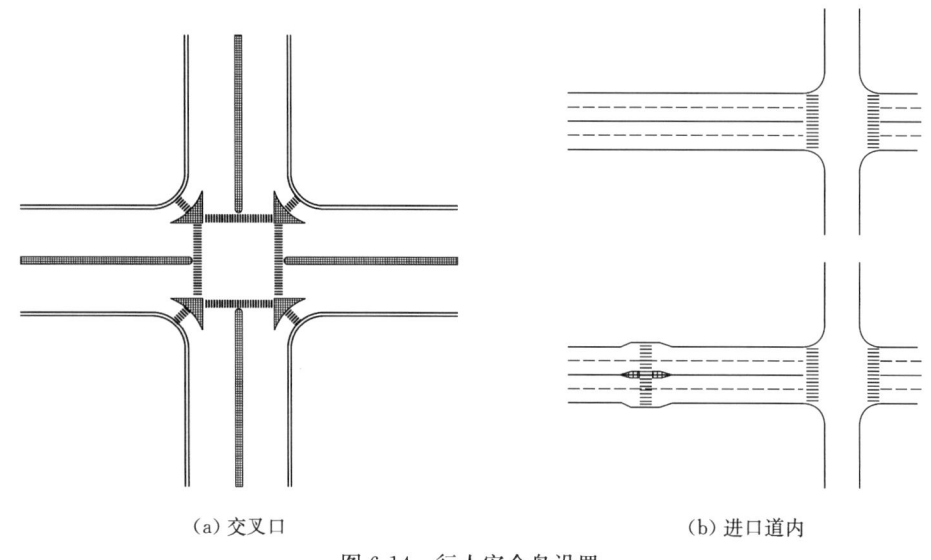

(a)交叉口　　　　　　　　　　　(b)进口道内

图6-14　行人安全岛设置

6.7　平面交叉口弱势群体保护设计建议

道路平面交叉口按照其所处区域的土地利用状况和自身尺寸大小,大致归纳为4类,分别设计弱势群体保护措施。

(1)位于乡村的4车道以下相交的平面交叉口。该类交叉口面积小,行人和非机动车交通量小,机动车与非机动车冲突少。建议设置人行横道,同时设置硬路肩供行人和非机动车行驶[图6-15(a)]。

(2)位于乡村的4车道及以上相交的平面交叉口。该类交叉口面积大,行人和非机动车交通量小,机动车与非机动车冲突少。建议设置人行横道,设置硬路肩供行人和非机动车行驶,另外建议设置中央分隔带,中央分隔带采取前端保护[图6-16(a)]。

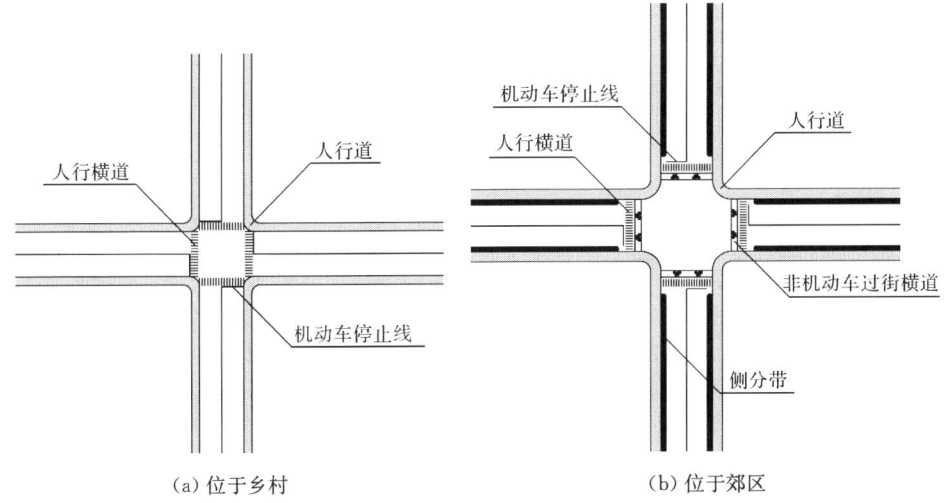

(a) 位于乡村　　　　　　　　(b) 位于郊区

图 6-15　4 车道以下相交的平面交叉口

（3）位于郊区的 4 车道以下相交的平面交叉口。该类交叉口面积小，行人和非机动车交通量大，机动车与非机动车冲突多。建议设置行人和非机动车的过街横道，设置侧分带，设置行人和非机动车共用的非机动车道[图 6-15(b)]。

（4）位于郊区的 4 车道及以上相交的平面交叉口。该类交叉口面积大，行人和非机动车交通量大，机动车与非机动车冲突多。建议设置行人和非机动车的过街横道，设置侧分带和中央分隔带，设置人行道和非机动车道，设置渠化的行人安全岛（人行庇护岛），并且行人安全岛与人行横道相连接，中央分隔带采取前端保护[图 6-16(b)]。

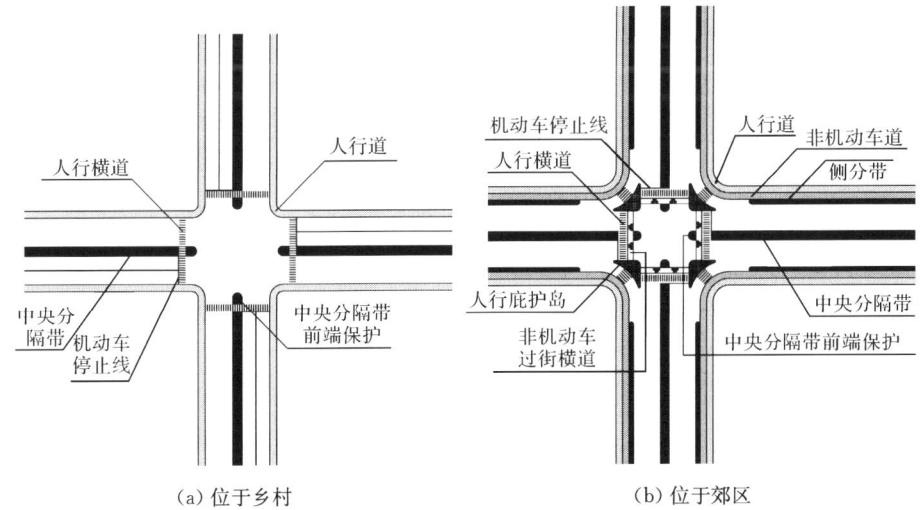

(a) 位于乡村　　　　　　　　(b) 位于郊区

图 6-16　4 车道及以上相交的平面交叉口

参 考 文 献

[1] 华杰工程咨询有限公司.公路项目安全性评价指南[M].北京:人民交通出版社,2004.
[2] 陆键,张国强,项乔君,等.公路平面交叉口交通安全设计理论与方法[M].北京:科学出版社,2008.
[3] 陆键,张国强,项乔君,等.公路平面交叉口交通安全设计指南[M].北京:科学出版社,2008.

第 7 章 立交区域接入管理

高速公路、城市快速路等主干路作为重要的出行通道,能使出行者迅速和舒适地到达目的地。立交区域为出行者进入高速公路、城市快速路等主干路提供了必要的接入点。然而不合理的接入及缺乏出入口管理极大地降低了立交区域的功能,同时也影响高速公路、城市快速路、地面道路的通行能力和交通安全。先进的出入口规划和管理能减少立交区域的交通冲突,提高立交区域作为交通枢纽的服务水平[1~3]。本章以立交区域为对象,介绍管理立交区域过程中出现的接入不合理问题,提出合理的土地开发策略和接入策略。

7.1 立交区域的重要性及意义

7.1.1 社区经济重要性

立交区域经常作为重要通道服务于周围社区。如果立交区域枢纽功能不能很好地发挥,很大程度上会影响附近社区的经济活力。由于立交区域是城市快速路、高速公路的接入区域,通常为社区的经济发展提供了巨大的机会和空间。其经济重要性主要体现在以下几个方面:

(1) 促进住宅开发。主要是指立交的建立可以为居住在郊区的通勤者去工作中心提供快速通道。

(2) 促进办公开发。主要是指立交区域可以为来自办公服务区的通勤者提供便捷通道。

(3) 促进零售发展。例如,折扣商场和巨型零售商等。

(4) 促进工业开发。立交区域的工业能兼容来自高速公路的噪声。

(5) 为外地人来旅游景点和娱乐场所提供可达性。

(6) 机构或服务相关的部门。例如,学校、医疗中心、教堂、政府部门等。

(7) 其他公共用途。例如,停车换乘地等。

7.1.2 交通系统重要性

从交通运输系统角度来说,立交区域是整个交通系统中至关重要的一个环节。它为地面道路接入高速公路、城市快速路提供了连接通道,同时在高峰出行时段起着梳理和控制交通流的作用。立交区域是高速公路、城市快速路和地面道路系统之间关键的接口,高速公路和城市快速路的高速车流和地面道路的低速车流在此区域内完成转换。

7.1.3 土地利用与交通关系重要性

立交区域土地利用性质的改变是非常迅速的。如果当地政府为了立交区域经济发展忽视对立交区域接入必要的规划和管理,会导致立交匝道附近接入道无序地增多,从而影响立交区域功能作用,如图 7-1 所示。此外,主要街道交叉口通常非常靠近匝道终端,如果连接道和交叉口与立交匝道太近,会导致大量的交通问题产生。例如,信号交叉口与立交匝道距离太近,会产生大量的交织流量,使信号配时方案复杂化,容易诱发事故和交通拥堵,也会造成位于匝道上的车流排队到高速公路或城市快速路主线上,如图 7-2 所示,而匝道终端附近的路缘坡和中央分隔带开口会进一步使这些问题复杂化和严重化[4]。

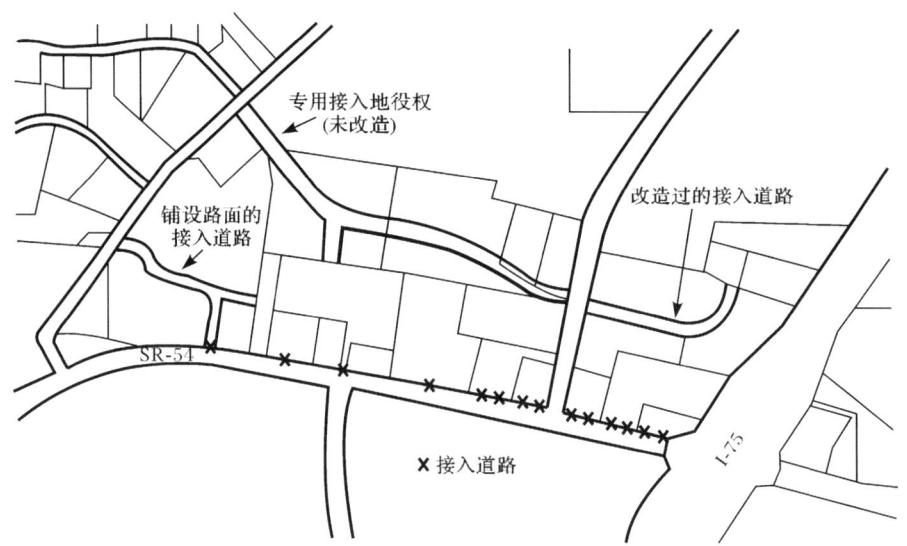

图 7-1 SR-54 和 I-75 立交处的出入口问题

图 7-2 信号交叉口与出口匝道间距过小导致车流排队到主线

7.1.4　交通安全重要性

由于从高速公路或城市快速路下来的大多驾驶员不熟悉地形,立交区域附近太多的选择会使驾驶员感到困惑,增加驾驶员做出不稳定行为,导致转向车辆与其他车辆间不安全的高速度差。因此在规划立交区域时,要创造一个不会过于聚集的服务环境,统一的配时信号,并设计出合理的且容易识别的出入口位置。中央分隔带控制、统一指示标志,以及可替代出入口道路(alternate access road)这些措施都能减少驾驶员困惑,提高立交区域交通安全和运行效率。

7.1.5　交通设计及政策重要性

立交区域出入口的合理间距标准是非常重要的问题。还有一个值得关注的问题是有些地方政策制定者认为对出入口进行控制会减少或阻碍立交区域周边地区的开发。然而研究表明,有效的规划和出入口控制最终有助于立交区域的开发。地方出入口道路通过为内部地块提供出入口而增加了立交区域开发的潜能。应当防止把靠近立交区道路前沿地块划分得很碎或不规则,这样做可以减少出入口问题,同时有助于保留较大的地块吸引更多的开发商。

由于立交会影响周围区域土地开发及交通,因此要从根本上保障立交区域的交通安全和提高运行效率,需要对立交区域进行出入口管理规划和法规制定。立交区域管理需要结合一系列的技术,包括土地开发规划,小区划分、土地细化,统一标志,出入口管理等。

7.2　立交区域土地利用策略与接入策略

7.2.1　立交区域土地利用策略

在立交范围内土地利用性质改变迅速,尽管沿街的商业(如加油站、餐厅、饭馆等)通常容易到达,立交区域仍然能吸引更高强度的居住、办公、商业开发和机构开发等,如学校、医院、政府部门等。

单个土地利用控制不能完全实现立交区域土地开发规划。它需要结合土地利用性质、土地分区规则、细分规则及选址规划等一起实施。在实际过程中,每个土地控制要服务一个单独的功能,然后结合其他控制来保证立交区域的整体功能。土地开发策略类型因立交位置和交通环境的不同而不同,如城市与乡村、发达地区与不发达地区等。管理立交区域土地开发的有效规则和技术如下所述[5,6]。

1. 立交区域土地利用性质

高速公路、城市快速路与城市相连,实际上是与城市内部的某个小区相连,因此小区的土地利用性质在很大程度上会影响立交区域出入口的设置。不同的研究由于目的不同,对土地利用性质做了不同的描述。例如,城市规划或交通规划中,通常将小区按照土地利用条件的不同分为居住、行政办公、商业金融、文化娱乐、体育设施、医疗卫生、教育科研、旅游休闲及市政公共设施等。对于出入管理而言,可以将立交区域周边土地根据利用性质不同分为4类:商业用地、办公机构用地、居住用地、工业用地。

2. 土地区划

区划是指在遵循总体规划的基础上,说明该地区每一宗土地直接的、允许的用途。《接入管理手册》建议在区划过程中,明确土地利用性质,限定地块最小尺寸、最小前沿长度(地块沿街面最小宽度,预留足够的间距以利于出入口选址)和建筑物退缩长度(沿街建筑物与道路之间的长度,预留一定长度便于日后道路扩宽),以利于更好地进行交通控制、出入口选址和地块内部交通组织。

土地区划可以通过一系列的方式来实现立交区域接入和土地开发目标,主要包括以下内容。

(1) 立交覆盖区。立交区域的区划控制在原有区域划分要求的基础上增加了特别的要求(如商业、居住划分等)。覆盖区要求考虑影响出入口的所有因素,如连接道间距或合并出入口道路等。连接道和合并出入口道路常应用于接入管理规划中。

(2) 立交区划区。一个单独的区划区域有一套内部的细化方式和开发方式,尤其对于已规划的立交区域。

(3) 立交区域规划单位开发(planed unit development, PUD)。PUD将更大的地块规划和开发作为一个功能单位,它与以地块为基础来管理土地开发的区划过程相反。PUD过程是以完成选位设计为导向的,它对区域土地特征非常敏感。对于立交区域而言,PUD以完成合并出入口和转乘系统为导向。PUD控制非常灵活,但在实施前需要进行彻底的调查和评估。

3. 土地细分

对于立交区域而言,土地细分很重要。土地细化是指导如何把土地划分为地块、街区和街道等。它为确保现存或规划的道路出入口提供机会。它是在地块的基础上,为立交区域地块、街区、街道、公共用地、行人通道和其他设施设计规则及标准。

在土地细化审核过程中应考虑以下出入口问题:

(1) 对于立交匝道,在设计中要对出入口选位、视距进行合理的考虑。

(2) 在居民区前沿是否有直接的出入口连接,而不是直接连接主路。

(3) 在停车场、开放空间和其他社区设施间是否有行人通道连接。

4. 选址审查

选址审查主要用来保证土地区划中各项标准在重要土地开发项目中得到贯彻。对于立交区域而言，宜采用选址审查措施。

与立交区域相关的选址审查应包括以下内容：
(1) 立交区域地块出入口视距、出入口间距、交通实际需求及其他相关因素。
(2) 立交区域地块出入口开口方向。
(3) 立交区域行人和非机动车交通组织。

7.2.2 立交区域接入策略

在处理立交区域出入口问题时可以采用法规的与非法规的方法。采用法规方法的例子包括禁止出入口设计在立交匝道过渡段上、尽量减少立交区范围内地块空地的面积、采取对出入口管理规划有利的服务道路政策等。非法规方法包括在距立交匝道一定距离内争取获得出入口通行权、将中央分隔带设置为十字路口、修建出入口式的道路以将各个建筑之间通过内部道路连接。

接入管理方法包括：①可替换出入口道路；②出入口分离距离（间距标准可参考 7.3 节）；③中央分隔带；④合并式和交叉式出入口要求；⑤改进接入道设计；⑥出入口权限获取。

1. 可替换出入口道路

从长远来看，保护立交区域功能最有效的技术包括在立交区域交叉口提供可替换出入口。可替换出入口可以通过购买出入口权或建一条替换出入口道路来实现。例如，美国佛罗里达州运输部帮助当地政府找出可利用的出入口连接道，评估出入口系统的设计，实现出入口管理和立交区域功能保护。

可替换道路系统（临街道路、后侧辅路、当地道路）可以提供额外的出入口，减少将出入口直接连接到主干道的数量，同时允许来自多个地块的交通量通过单独的接入点来引导。设计不合理的出入口道路会影响主入口交通流的正常运行。此外，如何将可替换道路与主干道连接以及确保与附近交叉口有足够的转角净空是非常有必要的，如图 7-3 所示。

可替换道路主要是通过政府和私人用各种方式实施的。例如，开发商要求可替换出入口道路的通行权作为开发批准的条件，当地政府会建设和维修这样的道路。在有些情况下，开发商自己可能会修建道路的一部分。在其他情况下，当地政府可能选择修建未开发的那段路来刺激私人参加修建（图 7-4）。

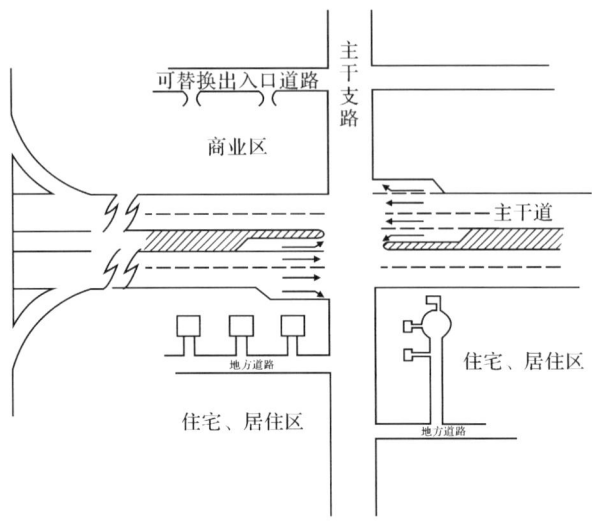

图 7-3　立交区域可替换出入口概念

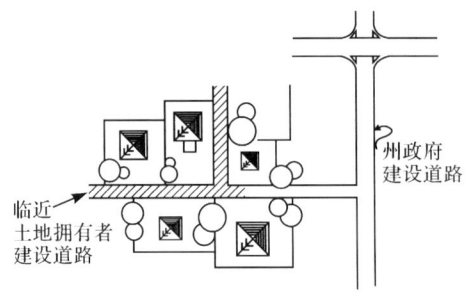

图 7-4　政府和私人共建出入口道路

2. 中央分隔带

中央分隔带通过限制左转和交叉通行来减少立交区域的冲突。中央分隔带修建或关闭中央分隔带开口可以作为解决连接道出入口和左转运行区域的有效改善措施。此外,还有其他的措施同样可以达到这样的效果,如 NCHRP 420 (National Cooperative Highway Research Program Report 420)建议:①沿高速公路、城市快速路的临街道路可以与立交匝道很好地结合;②对立交进行配置和改进可以为进入主要发达区及活动中心提供更好的可达性,可以减轻主干路的交通负荷。

3. 接入道设计

接入道设计对立交区的安全和运行效率是非常重要的。接入道可能有足够的间距,但如果没有正确的设计,仍然会引起出入口交通问题,如图7-5所示。一个接入道应当有足够的右转车道数、交通渠化和最小瓶颈长度以容纳就地排队车辆,以防干涉街道交通。接入道应当有足够的宽度,以防正要进入的车辆侵占驶离车道。当直行或左转允许时,应提供两个出口车道。

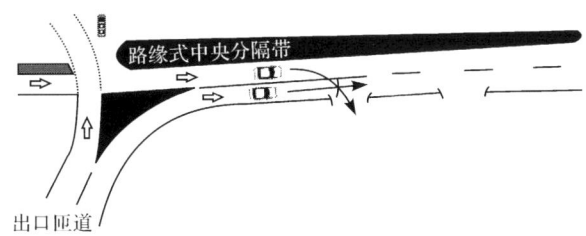

图 7-5 在 SR-54 立交出口匝道接入道处交通冲突

4. 合并式和交叉式出入口

鼓励位于主路上相邻的建筑共享一个出入口,这样可以减少冲突点、分离冲突区,从而提高立交区安全性。相邻设施的间距越大,就越有可能提供右转减速渐变段,这样做可以使临近街道的车流运行更加缓和,从而降低交通事故率并提高出入口的通行能力。此外,相邻商业之间的交叉式出入口方便了前来购物的顾客,有助于减轻主干道上的需求负荷,如图 7-6 所示。

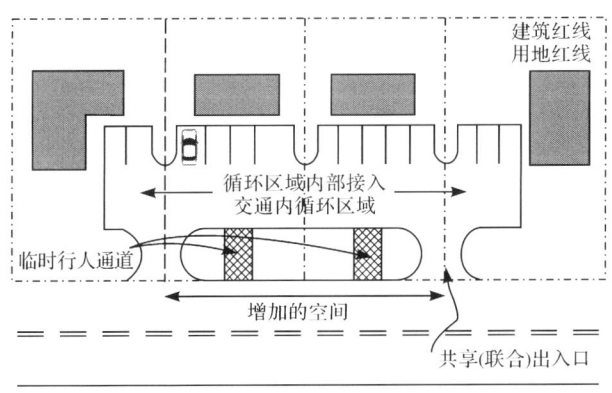

图 7-6 合并式和交叉式出入口

5. 再开发和标准使用的改变

再开发和非一致性标准情形也同样需要解决。尽管有很多出入口管理技术是在开发前实施的,但有部分同样适用于再开发或改进计划情形。尽管不能确定一个立交区域是否为再开发区域,但土地利用性质改变通常会引发选位规划审查,以此影响现有的规章或标准。再开发出入口管理包括以下策略:

(1) 有选择性的重建现有不符合标准的接入道。

(2) 在重铺路面或改善道路条件期间,协商关闭接入道、重建接入道或重新选择接入道接入位置。

(3) 再开发或扩建期间,要求改善出入口道路。

(4) 在相邻建筑物间提供合并和交叉式出入口。

审查有关立交区域出入口管理的地方政策是有必要的。这可能包括计划修正、更新政策和规程、校正设计标准等。

7.3 立交区域接入道路间距

7.3.1 接入道路间距的组成要素

根据 NCHRP 420,计算立交区域接入道路间距需考虑的重要组成要素有交织距离、过渡段距离、左转等待区长度、街道宽度、感知反应距离等,如图 7-7 所示。

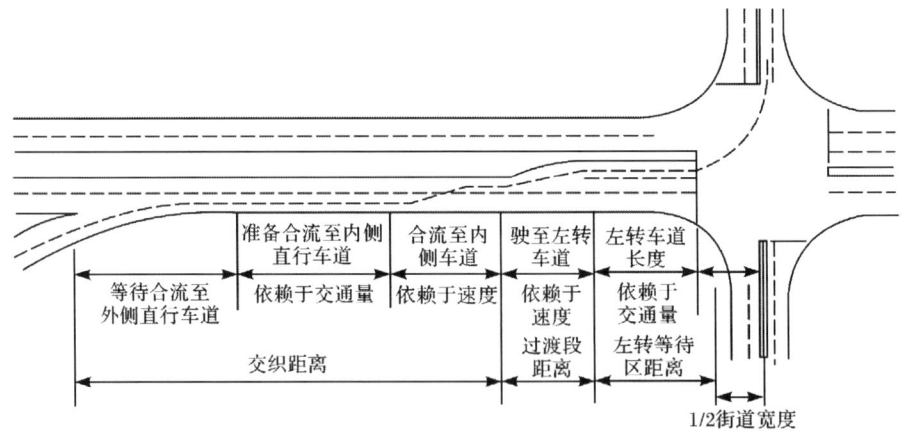

图 7-7 立交区域接入道路间距组成

(1) 交织距离。交织距离是指车辆通过交织运行穿过直行车道到达左转车道所需要的距离。对于两车道道路,交织距离为 700~800ft,而多车道道路,交织距离为 1200~1600ft。

(2) 过渡段距离。过渡段距离是指车辆过渡到左转车道的距离。车辆过渡到左转车道需要的间距为150~250ft。

(3) 左转等待区长度。左转等待区长度是指在左转车道容纳等待左转车辆的长度。左转等待区长度为200~300ft。可以通过式(7-1)计算：

$$L=\frac{R\times V\times 25}{N_C}=R\times l\times 25 \tag{7-1}$$

式中，L 为左转等待区长度，ft。R 为少于5%车辆未能左转的随机因子，车辆随机左转，则 $R=2.0$；车辆一队集体通过，则 $R=1.5$。V 为左转交通量，veh/h。N_C 为每小时周期数。l 为每周期左转车辆数。

(4) 街道宽度。街道宽度是指交叉口道路停车线到道路中心线的距离，该距离大约为50ft。

(5) 感知反应距离。感知反应距离可能在某些情况下需要，尤其是驾驶员在不熟悉的立交区域或拥挤区域时。感知反应距离大约为2.5ft/s。

7.3.2 距第一个主要交叉口的距离

在交叉口，车辆从出口匝道到左转弯区要进行交织运行，完成交织运行需要的间距要考虑出口匝道到最近主要交叉口的最小间距。同样，在交叉口，由于车辆交织运行要在车辆到达排队结束之前完成，所以到最近主要交叉口的间距是交织距离加上排队长度[7,8]。

交织距离是由道路曲线决定的，如图7-8所示。左转弯区排队长度的确定是基于到达车辆服从泊松分布假设的。假设规定，在主要交叉口，50%的左转交通量来自出口匝道，另外50%的左转交通量来自主线交通量。因此，总交织交通量(V_w)等于全部直行交通量与来自匝道左转交通量(%LT/[V_1+V_2])之和。

$$V_w=V_1+\%LT\times[V_1+V_2]/2 \tag{7-2}$$

式中，V_1 为直行交通量，veh/h；V_2 为匝道交通量，veh/h；%LT为总左转交通量百分比。

如果确定了交织交通量和车辆速度后，交织区长度就能确定，如图7-9所示。显示在10%和20%左转交通量，不同立交区域类型和交通量水平所需要的交织距离，以及考虑交织距离加上排队长度后给出到达最近主要交叉口的最小间距(表7-1)。由此可知，在城市、郊区、镇村条件下，交叉口的中等交通量的立交区域最小间距大约为1320ft或1/4mi，而2000ft或1/2mi间距适用于除高交通量水平下的所用类型区域的接入间距。图7-9中的 Y 表示距第一个主要交叉口距离。

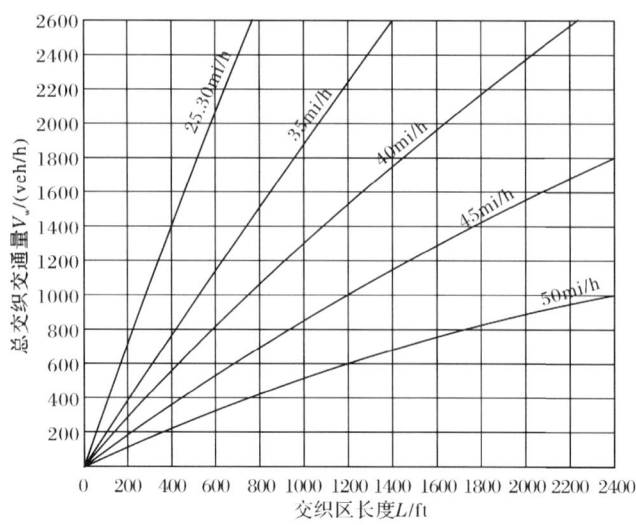

图 7-8 服务道路交织条件分析

表 7-1 距第一个信号交叉口最小间距

立交区域类型	交通量水平	交织距离/ft		排队距离/ft		距主要信号交叉口最小间距/ft	
		10%LT	20%	10%LT	20%	10%LT	20%
城市(35mi/h)	高	900	970	625	600	1525	1570
	中	790	830	600	600	1390	1430
	低	660	710	575	575	1235	1285
郊区(45mi/h)	高	1300	1380	400	400	1675	1780
	中	1030	1100	325	325	1330	1425
	低	750	820	250	250	975	1045
镇村(55mi/h)	高	2100	2200	150	150	2275	2350
	中	1350	1500	125	125	1475	1625
	低	600	650	75	75	675	725

7.3.3 距第一个出入口距离

从出口匝道到右侧第一个出入口的距离需要考虑三个因素:停车视距、最大出口通行能力和停车决策视距。停车视距必须作为判断依据,因为来自出口匝道的车辆必须要有足够的距离才能看清交通状况以及为正在右转的车辆停车让行。最大出口通行能力能减少道路干线的延误,所以需要考虑其通行能力。由于驾驶员必须被给予足够距离去感知和反应任何异常交通状况,所以也需要考虑决策视

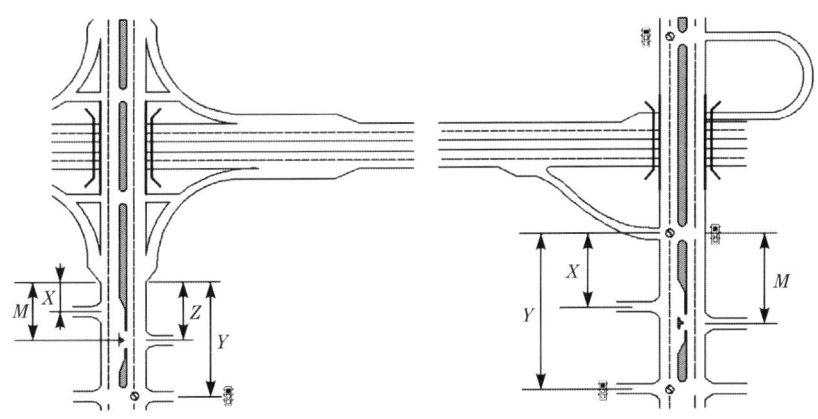

图 7-9 立交区域道路接入间距

X.距第一个出入口的距离；Y.距第一个主要交叉口的距离；M.距第一个中央分隔带开口的距离

距。如果驾驶员对立交区域不熟悉，他们需要足够的距离去选出要走的路线。图 7-9 中的 X 为距第一个出入口的距离。根据 AASHTO 指南，表 7-2 所示为各类视距判断标准的值。表 7-3 所示为 2 车道和 4 车道道路出口匝道距第一个出入口的最小间距。

表 7-2 视距标准对比

立交区域	速度/(mi/h)	停车视距/ft	最大出口/ft	停车决策视距/ft
城市	35	250	450	620
郊区	45	400	860	640
镇村	55	550	1500	590

表 7-3 4 车道道路出口匝道距第一个出入口最小标准间距

立交区域类型	车道数	距第一个出入口最小间距/ft
城市(35mi/h)	2	750
	4	750
郊区(45mi/h)	2	990
	4	990
镇村(55mi/h)	2	1320
	4	1320

7.3.4 距第一个中央分隔带开口距离

出口匝道到第一个中央分隔带开口为左侧第一个车道提供了出入口,因此车辆交织运行需要足够距离。表 7-4 所示为从出口匝道到第一个中央分隔带开口车辆交织运行最小间距。1200~1250ft 能满足镇村和郊区立交区域间距要求。最近出入口和进口匝道间的间距应当满足速度、路径或方向改变需要的决策视距。图 7-9 中的 M 为距第一个中央分隔带开口距离。表 7-5 所示为 4 车道道路出口匝道到距离第一个中央分隔带的最小间距。

表 7-4 距第一个中央分隔带开口最小交织距离

区域类型	交通量水平	直行交通量,2 车道 /(veh/h)	匝道交通量 /(veh/h)	总交织交通量 /(veh/h)	交织距离 /ft
城市(35mi/h)	高	2000	800	2001	1050
	中	1600	600	1601	830
	低	1200	400	1201	620
郊区(45mi/h)	高	1000	400	1001	1200
	中	800	300	801	950
	低	600	200	601	700
镇村(55mi/h)	高	600	150	601	—
	中	400	100	401	2220
	低	200	50	201	1250

表 7-5 4 车道道路出口匝道到距离第一个中央分隔带开口的最小间距

接入类型	立交区域类型		
	城市(45mi/h)	郊区(45mi/h)	镇村(55mi/h)
距第一个中央分隔带距离	990	1320	1320

7.4 立交区域交通组织

立体交叉的交通组织与平面交叉不同,修建立体交叉后,由于其对车流有吸引作用,使得地方交通流的分配发生了变化,特别是靠近市区,交通量很大,交通状况复杂,必须对交通进行细致分析,合理组织立体交叉范围内的交通,才能确保立体交叉功能的发挥。本节在接入管理技术的基础上,对立体交叉衔接部的交通与组织方式进行分析,目的在于增加衔接部的通行效率并提高衔接部的交通安全。

7.4.1 衔接部交通组织方式

出入口衔接段是指出口匝道端部至前方交叉口停车线的一段距离。高速公路、城市快速路的相关标准规定,出入口通常设置在城市主干道附近。因此,出口匝道一般都与信号控制平面交叉口的进口道相接,受信号周期性的影响,随着车流量的增加,拥堵问题比较突出。因此,此时采用交通组织方法来缓解交通拥堵其效果明显并且方法简单[9,10]。

1. 衔接部交通组织方式

在实际中,通常根据出口匝道在近交叉口横向设置位置有以下三种情况:
(1) 类型一。出口匝道与交叉口进、出口道最内侧车道相接,如图 7-10 所示。
(2) 类型二。出口匝道与交叉口进、出口道中间车道相接,如图 7-11 所示。
(3) 类型三。出口匝道与交叉口进、出口道最外侧车道相接,如图 7-12 所示。

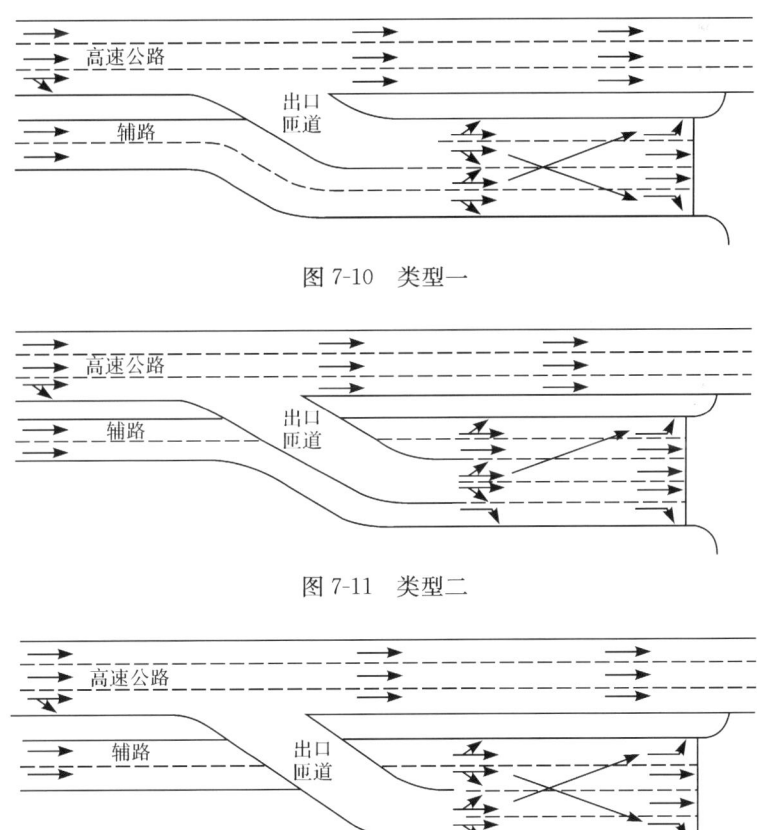

图 7-10　类型一

图 7-11　类型二

图 7-12　类型三

2. 衔接部交通组织方式分析

在不对出口匝道及辅道交通流采取交通管制措施时,三种类型的出口匝道设置方式都存在不同程度的车流交织,而冲突类型均为并入、分出冲突。结合出口匝道的布置情况分析其存在的车流交织。

类型一。存在出口匝道车辆右转车流、辅道左转车流及直行车流之间的混合交织。

类型二。经车道划分后出口匝道外侧通常设置右转车道,因而存在出口匝道左转车流与辅道直行车流之间的交织。

类型三。存在出口匝道左转车流、辅道右转车流及直行车流之间的混合交织。

通过以上分析可见,类型二在经过衔接部车道功能划分之后,交织程度在三种类型中是最低的,因而在用地及资金允许的情况下,建议采用类型二作为出口匝道横向接地点。

7.4.2 衔接部交通组织优化设计

出入口衔接段处的交通组织,从总体上讲,在时间上应对存在交织、冲突的交通流分配不同的通行权;在空间上应合理划定进口道车道功能,为在交叉口进口道前无法完成交织的车流分配各自独立的待行空间;辅以相应的交通管理措施和完善的交通标志、标线,消除冲突,缓解或避免车流交织。

1. 衔接部平面线形设计

衔接部平面线形设计除了要遵守线形标准要求外,应针对衔接部的安全特点,使衔接部与周围的出入口之间有足够的时间和空间距离,即衔接部选位应给驾驶员提供足够长的判断和反应时间,从而保证交通流稳定运行。此外,衔接部的渠化设计和转弯车道中所采用的分、合流方式,应符合驾驶员行为和车辆行驶动力学要求,并保证运行速度的连续性。

2. 衔接部渠化设计

衔接部原则上都应该渠化,渠化设计最大限度地保证驾驶员的行驶安全并提供所需要的通行能力。规范或限制车辆的行驶路线,减小冲突数,简化和分离冲突区域。存在交叉冲突的穿越车流,应以直角或接近直角相交叉,而合流交通流之间的交叉角度应尽可能地小。

3. 衔接部转弯缓冲区设计

出口匝道与地面道路交叉的角度应呈直角或接近直角,这样衔接部所占面积较少,且跨线桥跨径最小,也便于立交选型的多样性。衔接部路缘石应做成圆曲线或多圆心复曲线,以符合相应车辆行驶的轨迹。此外,地面道路直行交通量和入口匝道交通量较大时,应在入口匝道设置左转弯缓冲区,如果左转弯车流影响对向车流时,应设置左转减速车道,还可以缩小路肩、绿化带等路侧用地,设置右转弯车道。

4. 衔接部弱势群体安全设计

城郊高速公路及快速路出口匝道衔接部周边通常集聚了众多商业、工业、居住等用地,因此行人、非机动车等弱势群体较为密集。弱势群体安全设计主要针对行人、非机动车、摩托车等交通弱势群体而设置,主要保护设施包括人行道、人行横道、非机动车道、中央分隔带、侧分带和人行庇护岛。

7.4.3 衔接部接入管理技术

1. 衔接部接入管理技术作用

衔接部接入管理技术的应用可为衔接部不同的道路使用者创造良好的交通环境,既能提高出口匝道、辅道及衔接道路的通行能力,又可降低衔接部交通事故率和死亡率,具体作用体现在以下几个方面:

(1) 合理的接入管理技术可以减少衔接部交通事故、提高衔接部各车道的通行能力、减少车辆延误。

(2) 采用接入管理技术可以延长道路的使用年限,节约大量的改建、扩建资金,降低施工成本。

(3) 接入管理技术不仅能减少交通拥挤、有效缓解路段型衔接部的拥堵情况,提高公众的安全感,还可以美化环境。

2. 衔接部接入管理原则

为实现上面所述目标,衔接部接入管理应遵循以下原则:

(1) 明确出口匝道、平行辅道、相交道路的功能及等级。不同地区的出口匝道、辅道及相交道路的车道数、通行能力、交通流量、左右转比例、车型比例等不尽相同,因此在进行接入管理技术应用之前,应明确各道路的功能侧重,并按照这种侧重对其进行设计和管理。

(2) 限制交通冲突数。在衔接部区域内,不同方向的交通相互冲突形成冲突点,当冲突点过多时极易造成交通事故。因此,限制机动车与机动车、机动车与自行车以及机动车与行人之间的冲突点数,可以大大减少发生交通事故的可能性。

(3) 分离冲突区域。驾驶员在衔接部处理不同方向的交通冲突时需要有充足的时间,以便做出及时恰当的反应并正确完成驾驶操作,分离冲突区域就可以使驾驶员有充足时间,从而减轻驾驶员的操作负担,改善交通运行,提高交通安全水平。

(4) 在有条件的衔接部设置专用转向车道。专用转向车道可以使驾驶员在衔接部减速的过程中逐渐驶出直行车道,并且在一个受保护的区域内等待机会完成转弯工作,这样就降低了转弯车辆与直行车辆相互冲突的持续时间和严重程度。

(5) 控制衔接部的左转车辆。利用辅道及相交道路的道路条件设置远引掉头等交通流渠化及左转信号控制,以减少衔接部左转车辆,使出口匝道衔接部交通流安全、顺畅、快速地通过衔接部,提高衔接部的通行能力及交通安全。

3. 衔接部可采取的接入管理技术分析

常用的接入管理技术主要包括渠化、交叉口间距、干道周围设施出入口和交叉口间距、干道周围设施出入口形式、中央分隔带形式、左转车道、右转加掉头代替直接左转(远引左转)、主干道平行道等。接入管理技术按照类型的划分见表7-6。

表7-6 常用接入管理技术

接入管理分类	具体技术
接入道路间距与设计	信号交叉口间距标准
	交叉口主路上游净距
	交叉口主路下游净距
	交叉口支路渠化岛
	不可跨越中央分隔带
	左转和U形转弯的中央分隔带开口
左转和U形转弯设计	不分向道路港湾式左转车道
	三叉路口路肩车道
	连续双向左转车道
	中央分隔带开口处的港湾式左转车道
	间接左转(壶柄状)
	间接U形转弯
	连续右转车道
	右转港湾

续表

接入管理分类	具体技术
接入道路管理细则	道路接入的授权
	接入道路的共用
	社区内部的接入
	土地划分规则
	限制交通量
	服务性道路

通过对衔接部交通组织方式的分析可知,立交区衔接部与普通交叉口是不同的,针对衔接部特征,本节选取上面所述接入管理技术中的一部分进行应用,见表7-7。

表 7-7 衔接部接入管理技术的选择

接入管理分类	具体技术
出口匝道衔接部接入方式	衔接部落地点选择
	衔接部车道功能划分
	衔接部交通控制方式选择
	衔接部渠化设计
	衔接部弱势群体保护
衔接部左转和U形转弯设计	左转车道
	右转车道
	间接左转设计
平行辅道控制	出口匝道单独控制
	出口匝道辅道与上、下游支路联合控制
	出口匝道辅道与下游交叉口联合控制

参 考 文 献

[1] Committee on Access Management. Access Management Manual[M]. Washington DC: Transportation Research Board, 2003.
[2] Gluck J, Levinson H S, Stover V. NCHRP Report 420: Impacts of Access Management Techniques[R]. Washington DC: Transportation Research Board, 1999.
[3] Laurel A L, Kristine M W. Land Development and Access Management Strategies for Florida Interchange Areas[R]. Tampa: Center For Urban Transportation Research, University of South Florida, 2000.

[4] Marc A B, Jerilyn C W. NCHRP Synthesis332: Access Management on Crossroads in the Vicinity of Interchanges[R]. Washington DC: Transportation Research Board, 2004.

[5] Scott S W, Alexandra K. Development of Guidelines for Driveway Location and Median Configuration in the Vicinity of Interchanges[R]. Tallahassee: Florida Department of Transportation, 2006.

[6] 陆键,项乔君,马永锋. 高速公路出口匝道交通安全保障技术研究[R]. 南京:东南大学,2011.

[7] 陆荣杰,张宁,陈恺,等. 美国出入口管理策略——聚集城市土地开发与交通[J]. 城市交通,2008,6(4):71—76.

[8] 孙丽. 城市快速路出入口设置相关问题研究[D]. 成都:西南交通大学,2010.

[9] 杨少伟. 道路立体交叉规划与设计[M]. 北京:人民交通出版社,1999.

[10] 翟忠民. 道路交通组织优化[M]. 北京:人民交通出版社,2004.

第 8 章 道路接入管理实施

接入管理是一项拥有完整体系且复杂的管理工程,接入管理相关设计人员或审查人员在处理相关接入管理项目时,不仅需要掌握接入管理政策及相关法律规范,也需要熟知接入项目具体安全保障措施和设计技术规范。本章将系统全面地阐述接入管理的各方面主要内容,介绍接入管理的相关措施及所需的法律规范,为接入管理的具体实施和操作提供参考。

8.1 接入管理实施内容

接入管理是复杂项目管理,涉及内容广泛。一个接入管理项目主要包括以下几部分内容。

8.1.1 道路现状及接入需求分析

为合理控制路网建设,正确了解地区交通需求及交通走向,确保每一条接入道路的存在都具有明确的意义,这就需要做好道路现状及接入需求分析。城市用地开发与经济发展是引导城市区域交通走向的本源,城市用地的变化与经济发展的需求都是推动交通流变化的根本原因,因此接入需求分析与城市规划紧密相连。接入需求分析直观地看是区域交通流量的变化及其走向趋势分析,这就要做好 OD 调查、交通预测等工作,当预测结果满足一定接入需求标准时宜考虑道路接入。按接入目的分类,接入道路有多种功能,如分散交通量、连接功能区等。因此,接入道路也要有具体的等级划分,而不同等级的接入需求所对应的具体接入条件是不同的。

8.1.2 接入口周边土地利用分析

道路接入项目涉及土地利用的诸多方面,不同的用地类型将会是影响接入口位置选择的重要因素。中国城市用地主要分为以下几类:居住用地、公共设施用地、工业用地、仓储用地、对外交通用地、道路广场用地、市政公用设施用地、绿地、特殊用地、水域和其他用地。其中居住用地、部分公共设施用地(如商业、娱乐等用地)、工业用地、水域和部分其他用地(如农业灌溉区、园林等)往往是自成一体,并且占据较大的区域用地范围,使得那些区域用地具有明显的交通及其他特性。因此,在考虑道路接入时,可以分区域设立接入管理标准,而对于占用其他不成团类型的土地资源时,则可以具体问题具体分析(可以设定单位大小特定区域内的接入口数量,结合区域内各类道路数量分析,制定分区内接入口建设所需的用地及空间需求标准)。

本章通过对道路周边的土地利用进行分析,得出影响接入口设计的周边环境因素,以确保接下来的详细设计能够持续下去。

8.1.3 道路功能与接入分类分析

道路功能分类是指以公路的本质属性或其他显著属性特征为根据,将各种等级层次或类别的公路集合成类的过程。道路功能分类与公路交通出行特性、公路交通出行需求及公路服务特性密切相关。道路功能分类通过定义特定道路或街道应该在路网服务出行的过程中扮演的角色,揭示这种服务过程的本质。

道路接入分类是以道路功能分类为基础,在综合考虑其他必要指标条件下予以制定的。对于某条具有特定功能等级的公路而言,其沿线土地可依据不同的考虑指标(如土地利用类型及程度、车速等),在不同路段采用不同的接入分类标准。功能分类为宏观概念,其针对的是网级层面的公路网;接入分类则为中观概念,依据功能分类,将其进一步细化,为道路的规划、设计提供指导。由于不同用地、不同路段所采取的接入方法是不同的,因此该部分需要对所研究道路及拟采取的接入进行分类研究,得出较为详细的分类标准,为下一步的详细设计做指导。

8.1.4 详细的接入口设计

接入口是被接入道路上仅有的分割点,接入口的设计将直接影响被接入道路的功能完整性,即行车效率和行车安全的性能。因此,接入口的设计基本原则如下所述:

(1) 减少接入点对主线道路的干扰,适度增加周围集散公路的负担。
(2) 控制各个接入点的间距,限制单位距离内的接入数量。
(3) 减少接入点与主线道路因接入产生的冲突点的数目。
(4) 分离接入道路与主线的冲突区域。
(5) 合理渠化接入点,为接入点提供完善的交通组织方式。

常用的接入管理技术主要包括:接入道路间距与设计、左转和U形转弯设计以及接入道路管理细则。具体而言,接入口设计主要涉及以下几个关键要素:转弯半径、开口宽度、道路渠化设计、喉径深度、转角视距、右转车道、转角净空等。具体的接入口设计技术与准则见前面章节,这里不再赘述。

8.1.5 接入设计效果评估

为科学定量地评价接入技术实施所带来的效益,有必要建立合理的安全评估方法。在详细的接入设计之后应对该设计方法进行评估。这些评估准则往往涉及以下四个方面：

（1）安全。接入管理的最终目的是为了提高行车安全性，一个好的接入设计应该对事故率的降低有所贡献，反之这种接入项目也不应该被批准。

（2）运营效率。该方面主要集中在接入口间距对行车速度、出行时间及延误等方面，可通过交通仿真完成。

（3）经济。道路的寿命是有限的，在新建、改造或翻修道路都受到限制的情况下，接入管理技术能够很好地取代上述办法。但同时也应该考虑到经济方面的投资效益，对于浪费人力与财力的接入项目与设计应予以拒绝。

（4）土地使用与环境。与环境的和谐相处是人类生存的一个难题，一个好的接入项目与接入设计应该是建立在不破坏环境、不打破周边土地利用的前提下进行的。

该部分内容应采取定量与定性相结合的方式对接入项目或接入设计进行效果评估，对于达不到标准的项目与设计应该予以拒绝。

8.1.6 接入管理保障体系

由于接入管理尚处于起步阶段，国内接入管理相关的法律、法规建设落后于西方发达国家。因此在国家层面上应建立完善的法律、法规，地方层面应下发配套的政策与制度以保障接入管理项目的批复与实施，同时在接入管理实施过程中的执法单位应加强培训，增强执法力度。

只有在健全的法律体系下，接入管理项目才能得到保障，也只有这样才能顺利得到实施。

目前国内许多涉及接入许可的工程项目需要经过多个部门的审核，并且审核的准则规范以及具体流程步骤不尽相同。这种现象使得项目申请变得复杂而困难，相关审核单位效率低下。因此本书借鉴《接入管理手册》提出系统和完整的接入许可体系，并结合国内实际加以完善。

8.2 接入权限获得

接入权限是指具有法律意义且能够保障接入道路施工和允许某接入道路或出入口运行的许可证明。

道路交通规划建设往往是长期的、系统的大工程，当部分区域旧的道路交通条件满足不了新的交通需求而需要道路接入时，需要获得道路接入权限。大体上讲，地方交通运输局负责本地区的道路接入管理，本地区的国道、省道也归该地区的交通运输局管理。道路接入权限的存在使得地方交通运输局的道路交通建设、管理更加严谨和方便。

一个完善的获得接入权限的流程尤其重要。首先,申请者可以根据审查部门提供的接入权限申请流程更清晰地了解所需准备的材料以及所需经过的步骤。其次,申请者可以根据流程中涉及的审核内容做出更具有针对性的、更详细的方案。再次,审查部门也可以依据流程确立完善的审核体系,提高审核效率,更好地保证审核的质量。最后,有关单位可以专门成立一个审核部门,培养具有良好交通、法律、政治素养的工作人员,使接入权限的获得更加便捷。

8.3　接入许可流程

获得接入许可主要需要以下几个步骤:

（1）初步审查。申请人首先向公路管理部门提出开口申请,由公路管理部门进行申请资料的预先审查。

（2）预备申请会议。预备会议是出入口相关申请人、开发商和第三方安全评价机构及政府管理部门之间的沟通以及交流平台正式提交申请。申请人按照申请要求向出入口管理部门提交完整的申请。

（3）许可申请部门审查。许可申请部门对申请项目进行设计审议。

（4）许可申请部门决策。许可申请部门依据出入口设置标准做出合理决策。

（5）申诉。如果决策拒绝一个许可申请,申请者可以得到被拒绝的原因,若不满足拒绝的原因可向评审委员会提起申述。

在进行这些主要的步骤之前,申请者应该做好充分的个人准备,并且对于申请规则有一定的了解。申请者可以通过有关部门发放的小册子对接入许可流程进行初步了解,还可以致电有关申请部门通过询问的方式来更深入地了解整个接入许可流程及其相关事项。熟悉整个流程之后,申请者将会更轻松、更高效地完成整个申请许可过程。接入许可流程如图8-1所示。

在正式进行接入许可申请之前,申请者应该对于整个项目的规划过程做好档案整理工作。每个需要申请许可的项目都应该有一个完整的档案袋,其中包括会议记录、交流信件、电话及邮件交流记录等。这些记录主要包括时间、地点、人物、讨论内容、讨论结果等。在整个申请过程中,申请者应该将档案交予有关部门妥善保管。

8.3.1　初步审查

在正式提交接入许可申请之前,许可申请部门应对部分项目进行初步审查,即非正式审查。应当考虑初步审查的项目如下:①大型或者复杂的项目;②对于交通系统具有重大意义的项目;③对于道路环境、绿化等各方面影响较大的项目。

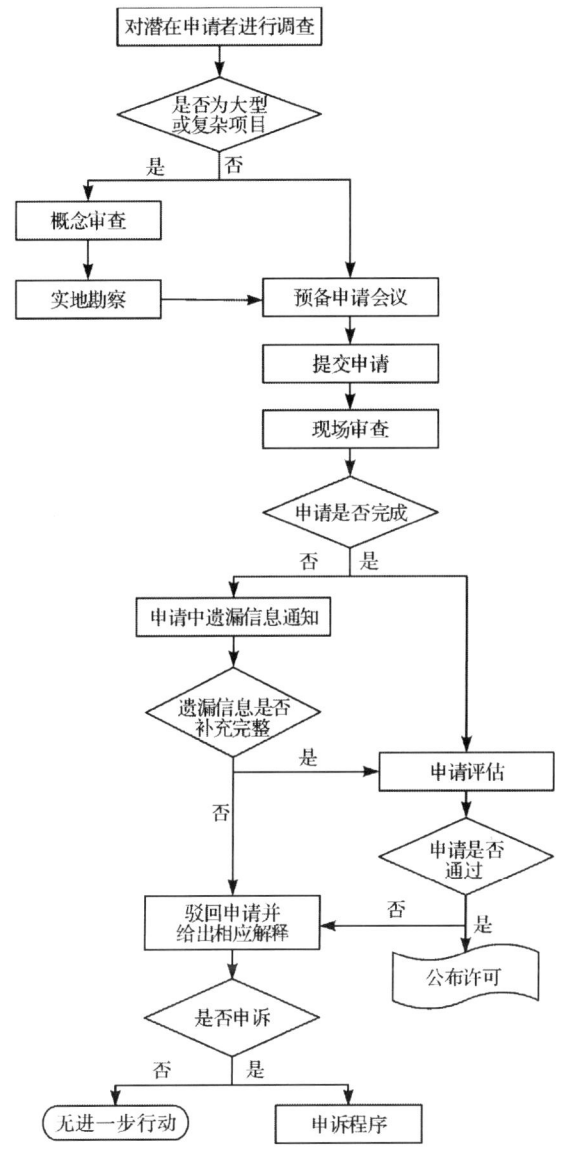

图 8-1 接入许可流程

初步审查可以提前发现等待申请许可项目的开发意义大小以及其项目规划中的缺漏之处,提早告知申请者对项目重新规划、修整,提高项目申请的通过率。现有的道路开口审批通常存在事后管理的弊端,通过初步审查可以将对出入口的审查提前到规划阶段,路政部门对接入项目的监管前移,引导建设单位科学合理地进行开口选址。

初步审查主要考虑以下内容：①项目位置及其附近地理环境；②项目的规模和类型；③项目开工日期和建成年份；④涉及主要道路及临近相关道路的高峰小时交通量；⑤接入口预计交通量大小；⑥接入设计；⑦管线延伸及道路改善；⑧接入口附近用地情况，以及其他交通基础设施分布状况等。

为了更好地达到审查目的，有关部门还需要对等待申请许可项目进行实地勘察。实地勘察不仅是对部分审查内容的实地考证，而且可以保障审查部门对该项目的交通影响有更加深入和精准的判断。

8.3.2 预备申请会议

对于需要初步审查的项目而言，预备申请会议尤其重要。一个有效地预备申请会议必须要有一个接入许可申请专家，可以是会议现场交流，也可以是电话、信件交流。

预备申请会议是可以提高各方工作人员合作效率、减少未来矛盾冲突的交流平台。预备申请会议由许可申请部门提出并举办，会议上申请者向许可部门陈述项目规划内容、项目创新点等，并且和部门工作人员讨论项目需要变更、改进的部分，更进一步地完善项目发展计划，也进一步使许可部门审查人员能够对该项目有更加深入地了解。此外，通过与部门人员的交流，申请者也可以借此熟悉接入许可的审查流程和注意事项，确保整个申请过程顺利进行。

当需要在数据收集方法和其他方面做出决策时，预备申请会议需要其他人员出席会议，如申请者、具有决策权的代表、地产拥有者、开发商、地方政府部门代表、交通管理部门代表、申请者的代理部门等。

在预备申请会议上，与会人员需要对整个项目发展计划得出较为明确的讨论结果，包括交通影响状况、用地需求、工程时间等，各方面有关申请项目内容的问题、分歧（表 8-1）都应该在会议上进行解决。

表 8-1 预备申请会议常讨论的问题

序号	讨论的问题
1	提交开发项目的说明
2	可行的数据和可接受的数据资源
3	出行发生量的数据和出行减少因素的可接受范围
4	与附近交通运输设施和土地使用相关的特殊研究需求
5	接入口的位置和设计
6	出入口管理分类和需求
7	可以接受的舒缓策略和任何与研究有关的潜在舒缓需求
8	交通影响分析报告中的内容等

预备申请会议之后,申请者需要对会议的讨论进行总结。通过信件或邮件的方式,申请者需要在 5 个工作日之内将会议讨论结果交给审查部门审核并由审查部门保存资料。在接下来 10 个工作日之内,申请者可以通过信件或邮件的方式提出新的意见,如若没有意见则保持会议讨论结果。

8.3.3 正式提交申请

经过初步审查和预备申请会议之后,申请者需要正式提交完整的接入许可申请,并支付相关费用。在接受审查之前,许可部门将确保申请者所提供申请资料和内容的完整性,若有遗漏,则通知申请者尽快补充。其中,申请者必须提供交通影响分析报告,分析报告的内容将会直接影响审核的结果。无论申请是否完整,许可部门都会通知申请者,告知申请已经收到。在申请缴费之前,许可部门必须提醒申请者申请费用不予退还。经部门审核申请完整之后,许可部门会通知申请者公布审查结果的最终期限。

8.3.4 许可申请部门审查

首先,审查部门审核该项目决策规划是否满足可以应用的标准和方针。当项目决策规划满足其要求,就要考虑该项目是否满足安全及运行方面的要求。如果该项目决策规划不满足可应用的标准或方针,则需要通过辨别是否满足与标准偏差的最小值来做出其他处理。

道路接入相关的工程中,由于每一个接入口都会增加其他道路的交通冲突,因此需要评估接入口潜在的安全和运行问题。这个评估需要考虑受到开发影响路段的运行及事故历史情况。考虑的问题包括是否满足部门规定的标准、开发项目的接入口是否会加剧问题的严重性、增加接入口后是否改善安全和运行效率等。

对于普通的较小项目而言,只需要一位接入许可专家对其进行审查,对于较大的项目以及一些较为复杂的小型项目则需要多位接入许可专家进行审查。当涉及政府部门的权益问题时,则需要与相关部门沟通认证。大型项目许可申请往往需要较为细致的分析审查,如召开临时审查会议等。临时会议通过自身收集资料及申请者提供数据资料,并在有关政府及交通部门人员的配合下对项目申请进行审查。

与接入管理技术有关的审核也需要进行实地考察,对于一般项目接入许可申请部门人员能够完成施工现场的考察;但对于较为复杂的项目,许可申请部门则需要联合交通规划与设计方面的专家进行现场考察,进而提供具有权威性的考察报告。

接入许可的审查内容一般包括选址规划的审查和交通研究。选址规划的审查主要是对涉及的接入道、影响公共道路内部道路循环系统的因素、道路规划红线、邻近的土地财产的界线、关键的道路特征和距离的测量、与邻近的接入道路和中央带开口以及信号灯的距离等的审查。交通研究则包括道路高峰小时交通量、高峰小时转向交通的临界交通量、交通控制分析等。当然，这些并不是全部，越是复杂的工程项目涉及的审查内容就越多。图 8-2 所示为审核评估流程。

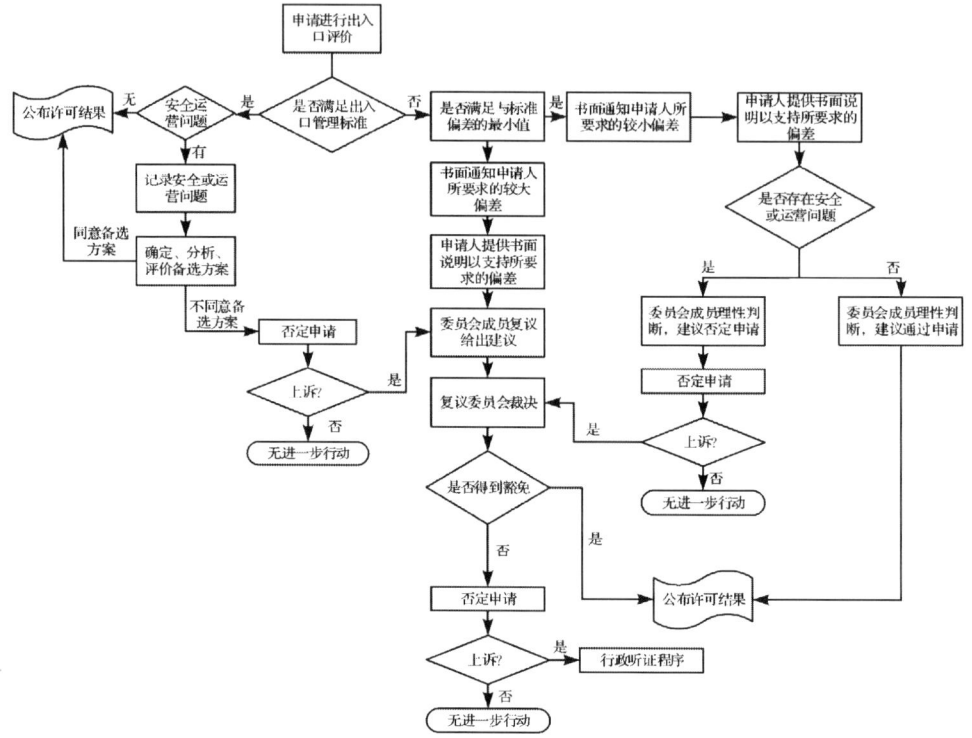

图 8-2　审核评估流程（源自《接入管理手册》）

8.3.5　许可申请部门决策

经过接入许可申请部门的审查，对接入项目的许可申请给出答复，该申请可以是被批准或者被拒绝。如果申请通过，则申请单位不仅具有修建接入道路的权利，还有使用和维护接入道路的权利。对于涉及有关政府及交通部门权益方面的接入许可，由于审查过程中得到有关单位专业人员的认可，许可申请部门的决策是具有意义的。

1. 批准许可申请

许可申请的批准常有附带条件，申请者必须同意审查部门提出的项目要求，否则不予发放许可证。但实际的项目申请事件中,多有申请者不可接受审查部门的相关要求,这时通常的做法是通过法律手段进行申诉。如果申诉时复议委员会的裁决通过,则同意申请者意见发放许可证。

审查部门的要求一般有如下几条:①接入口位置;②接入口设计(入口宽度、转弯半径、入口长度等);③断面(道路横向坡度以及行车道和路肩之间的变坡、竖曲线坡度变化等);④排水设施;⑤接入道路车流量;⑥转弯车流的限制;⑦建筑材料及路面设计规范;⑧信号灯和照明灯的位置。

其他特殊要求包括:①辅助车道的需求;②安装的阶段;③最终接入道路建好前的临时通道;④接入道路未来的关闭和移动。

以上是对工程设计上的要求,而有时审查部门会提出有关工程实施、工程管理方面的一些要求:①开发要分为多个阶段进行;②预见开发路段和邻近路段的未来变化;③公平财政分担。

2. 拒绝许可申请

审查部门有权拒绝不符合要求的许可申请。在拒绝申请之后,审查部门会给申请者提出拒绝理由。当申请被拒绝后,审查部门可以给申请者提供其他的申请选择。这样的申请选择并不一定符合申请者既定方向,但若是申请者接受申请选择,则审查部门可以考虑给予许可。同样,当申请者不同意审查部门的决策结果时,可以通过法律方式进行申诉,如果通过复议委员会裁决,则申诉成功。

一般拒绝申请的评判标准为:①合理的接入口应设置于等级较低的道路上;②推荐的接入口可能造成安全和运行方面的问题。

8.3.6 申诉

申诉是指公民或企业、事业等单位认为对某一问题的处理结果不正确而向国家的有关机关申述理由,请求重新处理的行为。当申请遭到否决,或者申请人对批准许可的条件有所不满,申请人可以提出申诉。申诉是试图驳回申请否决的较好途径,前提是当地政府部门对于此类工程问题拥有较为完善的法律应对体系。同时,也应该成立复议委员会。复议委员会应该由道路接入管理专家、政府部门负责人及许可部门专家等各方面的专业人员组成。

申诉时,申请人的申请项目需要接受复议委员会的审查。基于不同条件的否决申请,如与标准值偏差的大小等,申诉时所接受的审查是不同的。当申请项目与标准值偏差较小时,则接受一般审查;当申请项目与标准值偏差较大时,申请人需要提供书面说明以支持所要求偏差并且应当接受较为细致详细的审查。只有当申诉通过复议委员会的裁决,得到委员会认可,申请人才可以获得许可证。

8.4　接入监督及法规建设

接入许可部门必须对每一个获得批准的申请项目进行监督,控制并确保每一个接入项目的准确实施,监督的内容包括施工、设计、管理等。为了更为有效地执行监督工作,有关部门须成立专业监督小组,这样的小组由各方面专业人员组成,包括施工、设计、管理方面的各类专家。只有建立完善的监督措施才能使每一个得到批准的接入项目更加规范、有效地开展。

同时,必须建立完善的相关法规,在更高层面上起到监督作用。当监督小组认为受许可项目的发展并不满足许可部门的要求或者不满足既定的规范时,有关执法部门有权对该项目的进展强行介入控制。控制的方式包括强制改变既定发展方案对接入道路建设做出调整、撤回接入许可、关闭接入工程建设等,其中最有效的执行方法是撤回接入许可直至项目执行方达到审查部门提出的要求与标准。

8.5　管理部门间协作

管理部门之间的协作是整个接入许可申请流程中至关重要的组成部分。申请流程中很多步骤都涉及需要地方各管理部门之间的协作处理,如预备申请会议讨论、审查过程中涉及的各部门权益问题、复议委员会的召开等。通过制定各部门之间的合作策略及共同发展指导方针可以减少接入许可申请时各方面不必要的麻烦,可以更高效地统一各部门的要求,最大限度地达到部门利益的共赢。所以一个完善的区域管理部门协作策略是必不可少的。

各部门协调工作展开地越早越好,要确保各部门从一开始就对整个项目涉及的各类问题有所了解,从而更快地得出统一标准,继而许可申请的过程将会更高效,后继出现的协调问题会更少。当申请过程中个别部门之间意见并不统一时,依据既定策略可以召开个别部门临时会议以解决部分单位的矛盾问题,因此加强区域管理部门之间的协作是非常有意义的。